IMPEACHMENT
DE DILMA ROUSSEFF:
ENTRE O CONGRESSO E O SUPREMO

IMPEACHMENT
DE DILMA ROUSSEFF:
ENTRE O CONGRESSO E O SUPREMO

JOAQUIM FALCÃO
DIEGO WERNECK ARGUELHES
THOMAZ PEREIRA

Obra Licenciada em Creative Commons
Atribuição – Uso Não Comercial – Não a Obras Derivadas

Copyright © 2017 by Editora Letramento

Diretor Editorial | **Gustavo Abreu**
Diretor Administrativo | **Júnior Gaudereto**
Diretor Financeiro | **Cláudio Macedo**
Logística | **Vinícius Santiago**
Preparação | **Lorena Camilo**
Revisão | **Lorena Camilo**
Capa | **Luís Otávio**
Projeto Gráfico e Diagramação | **Gustavo Zeferino**

Conselho Editorial | Alessandra Mara de Freitas Silva; Alexandre Morais da Rosa; Bruno Miragem; Carlos María Cárcova; Cássio Augusto de Barros Brant; Cristian Kiefer da Silva; Cristiane Dupret; Edson Nakata Jr; Georges Abboud; Henderson Fürst; Henrique Garbellini Carnio; Henrique Júdice Magalhães; Leonardo Isaac Yarochewsky; Lucas Moraes Martins; Nuno Miguel Branco de Sá Viana Rebelo; Renata de Lima Rodrigues; Rubens Casara; Salah H. Khaled Jr; Willis Santiago Guerra Filho.

Todos os direitos reservados.
Não é permitida a reprodução desta obra sem aprovação do Grupo Editorial Letramento.

Referência para citação:

FALCÃO, J; ARGUELHES, D. W; PEREIRA,T. Impeachment de Dilma Rousseff: entre o Congresso e o Supremo. Belo Horizonte(MG): Letramento, 2017.

Dados Internacionais de Catalogação na Publicação (CIP)
Bibliotecária Juliana Farias Motta CRB7/5880

F182i Falcão, Joaquim
  Impeachment de Dilma Rousseff: entre o Crongresso e o Supremo / Joaquim Falcão, Diego Werneck Arguelhes, Thomaz Pereira. – Belo Horizonte(MG): Letramento: Casa do Direito : FGV Direito Rio, 2017.
  208 p.; 22,5 cm.
  ISBN: 978-85-9530-035-4
  1.Rousseff, Dilma, 1947- Impedimentos. 2. Comissões parlamentares de inquérito – Brasil.3. Corrupção na política – Brasil. I. Arguelhes, Diego Werneck.II.Pereira, Thomaz.III. Título.
  CDD 328.8107658

Belo Horizonte - MG
Rua Cláudio Manoel, 713
Funcionários
CEP 30140-100
Fone 31 3327-5771
contato@editoraletramento.com.br
editoraletramento.com.br
casadodireito.com

Casa do Direito é o selo jurídico do Grupo Editorial Letramento

**UM ANO DE *IMPEACHMENT*:
MAIS PERGUNTAS QUE RESPOSTAS** 11
Joaquim Falcão | Diego Werneck Arguelhes | Thomaz Pereira

A CRISE POLÍTICA E A DENÚNCIA. 17

01 *Impeachment* agora é pular etapas 21
    Joaquim Falcão

02 Antecipação de eleições gerais
    é constitucional? Sim 23
    Thomaz Pereira

03 Antecipação das eleições gerais
    é constitucional? Não 25
    Ivar A. Hartmann

04 Juízes podem derrubar o presidente
    da República? 27
    Silvana Batini

05 A estratégia sem consequências de
    Gilmar Mendes no TSE 30
    Silvana Batini

06 O quebra-cabeça do impedimento 32
    Joaquim Falcão

07 Dilma Rousseff já é inelegível?
    As contas, o TCU e o *impeachment* 34
    Michael Mohallem

08 Medo levou Eduardo Cunha a iniciar
    impeachment contra Dilma Rousseff. 37
    Joaquim Falcão

09 Mitos e verdades sobre as "pedaladas fiscais" . . .39
    Melina Rocha Lukic | José Roberto R. Afonso

10 *Impeachment* no STF –
    O olhar dos ministros sobre o caso Collor 42
    Pedro Cantisano

A PRIMEIRA TENTATIVA E A INTERVENÇÃO DO SUPREMO 45

11 O *impeachment* foi suspenso? 50
   Thomaz Pereira

12 *Impeachment*: Supremo de Dilma
   não é o mesmo Supremo de Collor 54
   Ivar A. Hartmann

13 O processo de *impeachment* será
   aberto ou secreto? 57
   Ivar A. Hartmann

14 O Supremo Provisório 60
   Joaquim Falcão

15 Julgamento do STF sobre *impeachment*
   já começou: na imprensa, não no plenário 62
   Diego Werneck Arguelhes

16 Supremo não pode mais não decidir 66
   Diego Werneck Arguelhes

17 Fachin tem razão:
   é preciso mudar o rito do caso Collor 67
   Diego Werneck Arguelhes | Thomaz Pereira

18 Plenário do STF parece concordar
   que não há golpe 69
   Ivar A. Hartmann

19 O passado e o futuro do *impeachment* 71
   Thomaz Pereira

20 O *impeachment* e a polêmica do voto secreto 73
   Thomaz Pereira

21 As estratégias jurídicas e políticas
   por trás dos embargos de Cunha 75
   Thomaz Pereira

22 O Supremo já acertou 77
   Thomaz Pereira

A AUTORIZAÇÃO DA CÂMARA E O JULGAMENTO NO SENADO...............79

23 Confusão de poderes?...................84
   Diego Werneck Arguelhes

24 Quais os poderes de Eduardo Cunha
   no *impeachment*?.......................85
   Thomaz Pereira

25 As cautelas do relator do *impeachment*........88
   Ivar A. Hartmann | Fernando Leal

26 Parecer apresentado, início do jogo..........90
   Joaquim Falcão | Diego Werneck Arguelhes

27 O Supremo deve barrar o *impeachment*?.......92
   Ivar A. Hartmann

28 Um Supremo Tribunal Regimental?...........94
   Eduardo Jordão

29 *Impeachment:* uma questão para o Congresso...96
   Diego Werneck Arguelhes

30 O Supremo e a Cartomante................99
   Joaquim Falcão

31 A escolha dos 511 é soberana.............101
   Ivar A. Hartmann

32 O *impeachment* no Supremo:
   o que muda com o afastamento de Dilma......102
   Diego Werneck Arguelhes

33 Lira, Lewandowski e a defesa de Dilma:
   Supremo foi decisivo sem decidir...........105
   Diego Werneck Arguelhes

34 A moda do *impeachment*................107
   Ivar A. Hartmann

35 Um juiz no Senado: memórias de
   Sidney Sanches no *impeachment* de Collor.....109
   Pedro Cantisano

36 Nada a Temer? 111
    Thomaz Pereira

37 O julgamento de Dilma:
    debates no Senado, de olho no Supremo 113
    Diego Werneck Arguelhes

38 Nem juiz, nem senador: Lewandowski e a
    dupla votação no julgamento de Dilma. 115
    Diego Werneck Arguelhes

39 Lewandowski plantou a dúvida 118
    Joaquim Falcão

**O JULGAMENTO NO TRIBUNAL
SUPERIOR ELEITORAL** **121**

40 Dilma e Temer no TSE: unidos para sempre 125
    Silvana Batini

41 A pergunta é: há saída para
    Michel Temer no TSE? 127
    Silvana Batini

42 O tempo é a justiça 129
    Joaquim Falcão

43 Alguns cenários podem ser imaginados. 130
    Joaquim Falcão | Thomaz Pereira

44 TSE volta a ser válvula de escape
    para crise política 131
    Thomaz Pereira

45 Todos os caminhos levam ao Supremo 133
    Fernando Leal

46 Gilmar Mendes é contraexemplo da
    discrição esperada do Judiciário 135
    Ivar A. Hartmann

47 A expectativa sofrida 139
    Joaquim Falcão

48 O TSE pode fazer de conta que a
    Lava Jato não existe? 141
    Silvana Batini

49 Os pedidos de vista de ministros do
    TSE são estratégicos? 144
    Ivar A. Hartmann

50 Gilmar Mendes escorregou na ladeira 150
    Rachel Herdy

51 Dilma e Temer absolvidos,
    o direito condenado 153
    Mario G. Schapiro | Rafael Mafei Rabelo Queiroz

BALANÇOS, CONSEQUÊNCIAS E LEGADOS 157

52 Crise constitucional brasileira?
    A desarmonia entre os poderes 161
    Daniel Vargas

53 *Impeachment* e reeleição 165
    Diego Werneck Arguelhes | Silvana Batini

54 *Impeachment*: A maldição de Paulo Brossard ... 167
    Diego Werneck Arguelhes | Felipe Recondo

55 O voto do *impeachment* e a Eleição Municipal ... 171
    Joaquim Falcão

56 O que Cunha quer do Supremo? 173
    Thomaz Pereira

57 Lula ministro e o silêncio do Supremo 175
    Thomaz Pereira

58 A ousadia da lei feita em causa própria 177
    Silvana Batini

59 Temer, Janot e a lista de Fachin:
   investigar é possível 178
   Diego Werneck Arguelhes

60 A difícil aposta entre eleição
   direta e indireta. 181
   Diego Werneck Arguelhes

61 O supremo é o gestor da incerteza 183
   Joaquim Falcão | Thomaz Pereira

62 A cassação de Temer:
   o que esperar do Supremo? 186
   Thomaz Pereira

63 Rodrigo Maia: o senhor do *impeachment* 189
   Luiz Fernando Gomes Esteves

64 O ativismo processual do Supremo. 192
   Joaquim Falcão

   A crise e o *impeachment*:
   cronologia dos principais fatos 196

   Articulistas 205

UM ANO DE *IMPEACHMENT*: MAIS PERGUNTAS QUE RESPOSTAS

Joaquim Falcão | Diego Werneck Arguelhes | Thomaz Pereira

O *impeachment* de Dilma Rousseff talvez seja o fato político, jurídico, ético e econômico definidor de toda uma geração. Divisor de águas, evento incontornável sobre o qual qualquer cidadão precisa ser capaz de se posicionar. Posições que demarcam a identidade política de quem as toma.

Juristas debatem: houve crime de responsabilidade? Cientistas políticos se dividem: qual a diferença entre *impeachment* e voto de desconfiança? Economistas se perguntam se houve e como caracterizar as chamadas "pedaladas fiscais". Cidadãos e a mídia se afogam nas crescentes revelações de corrupção administrativa e eleitoral. Atravessando essas esferas profissionais e políticas, porém, todos discutem: foi golpe, ou faz parte do funcionamento normal da democracia? Correção de rumo ou perda de rumo?

Essas perguntas não são, todas, a mesma pergunta, mas interagem entre si, e repercutem sobre muitos outros temas e dilemas do funcionamento da democracia brasileira. Ecoam, aliás, em cada um dos problemas mais específicos analisados por cada um dos textos aqui reunidos. Em cada uma dessas análises de conjuntura, a realidade dos fatos pode reforçar, testar e desafiar diferentes posições sobre essas questões maiores.

Foi o nosso segundo *impeachment* desde a democratização. Em diversos níveis, porém, foi um evento sem precedentes. Comparado ao polarizante processo de Dilma Rousseff, o afastamento de Fernando Collor pode ser considerado consensual. No caso de Dilma, em particular, houve relevantes manifestações populares tanto contra, quanto a favor do *impeachment*. Além disso, muito mais do que o *impeachment* de Collor, o de Dilma foi transmitido para todo o país em todos seus aspectos – das sessões do Supremo às sessões da Câmara e do Senado, 24 horas por dia, o tempo todo. Nas redes sociais, informações de fatos ocorridos segundos antes já se tornavam memes, discussões, abaixo-assinados. Nada e ninguém escapou do *impeachment* como fenômeno de informação e opinião pública, seja na televisão, nos jornais, ou nas mídias sociais.

IMPEACHMENT DE DILMA ROUSSEFF: ENTRE O CONGRESSO E O SUPREMO

Essa publicidade é hoje um dado irreversível da nossa democracia. Mas ainda estamos longe de entender todas as suas implicações. Como nossas instituições – políticos, juízes, procuradores, ministros do tribunal de contas e policiais – responderam a essa exposição pública impiedosa, fragmentada e inevitável? Para quem ela foi ameaça – e para quem ela foi oportunidade?

O *impeachment* é o evento central da política brasileira contemporânea, mas não é evento singular. É composto de múltiplas decisões, tomadas por diversas instituições, no decorrer dos nove meses em que o procedimento formal no Congresso durou, e ao longo dos mais de dois anos em que a crise política do *impeachment* vem se estendendo. Este livro pode ser lido como um diário crítico dessas decisões.

Se é verdade que se posicionar sobre o *impeachment* é hoje incontornável, afinal ele invadiu nossas casas e alterou nossa vida e nossa economia, é preciso então considerar cada uma das questões específicas que o constituem enquanto fenômeno jurídico-político. Esperamos que as análises aqui reunidas se provem úteis e igualmente incontornáveis – pontos de partida para que o leitor chegue às suas próprias conclusões sobre todas as perguntas que o *impeachment* de Dilma Rousseff deixou.

Nessa perspectiva, o longo processo de *impeachment* de Dilma Rousseff pode ser matéria prima para entender como se comportam e como funcionam nossas instituições. Os textos que compõem este livro foram produzidos nesse espírito, e também podem assim ser lidos. O leitor encontrará análises sobre pontos críticos do processo decisório e do contexto político e institucional que produziram o *impeachment* de Dilma e continuam moldando a crise atual. Se, para a política brasileira, o *impeachment* gerou mais dúvidas que certezas, para quem se interessa pela reforma e aprimoramento de nossas instituições ele deu ao menos uma pauta mínima de perguntas inadiáveis.

A primeira diz respeito às relações entre os poderes da República: Executivo, Legislativo e Judiciário. Juristas repetem à exaustão motes como "tripartição de poderes" e "freios e contrapesos", e a aspiração de que "o poder pare o poder". São ideias abstratas, nas quais está implícito uma ideia de movimento, de processo, de dinâmica. Nossa Constituição optou por uma descrição aparentemente estática da separação e da relação entre esses poderes, "independentes e harmônicos". Ponto final. Mas foram mesmo? O que o *impeachment* revela sobre essas alegadas independências e harmonias? Seriam, na prática, tensos e competitivos entre si, disputando-se a cada palmo? O que o processo contra Dilma no Congresso revela sobre a relação dinâmica entre esses poderes, e como essa relação pode ter sido transformada ao longo da crise política?

Do ponto de vista do funcionamento do Supremo Tribunal Federal, o *impeachment* e a crise política revelaram problemas de outra ordem. Um primeiro problema evidente diz respeito ao *timing* das decisões do tribunal. O que o tribunal prioriza na formação de sua pauta? Até agora, por exemplo, o tribunal não se pronunciou sobre as ações de Dilma Rousseff contestando o mérito de sua condenação pelo Senado. Nem tivemos uma decisão coletiva sobre a liminar individual do ministro Gilmar Mendes suspendendo a posse de Luiz Inácio Lula da Silva como ministro-chefe da Casa Civil. Ou sobre o procedimento induzido no Senado pelo ministro Ricardo Lewandowski de "fatiar", como duas decisões e votações distintas, a remoção de Dilma do cargo e a sua eventual inabilitação para exercício de cargo ou função pública.

Um ano depois da conclusão formal do julgamento de Dilma Rousseff no Senado, tudo que temos oficialmente é o silêncio. Na história da democracia brasileira, o Judiciário às vezes se faz presente por sua ausência; mas nem sempre é assim. Às vezes, o Supremo decide temas importantes, controversos e explosivos da política nacional – e em tempo hábil. Por que, para certos temas, a única resposta judicial que temos é a ausência de uma resposta?

Como pensar e falar em "devido processo legal", sem que o tribunal mais importante do pais respeite os prazos decisórios estabelecidos na legislação e em seu próprio regimento? Como assegurar uma previsibilidade mínima, se não há prazo sequer para o tribunal se comprometer a dar ou não uma resposta coletiva a um problema político e constitucional tão central?

Mais ainda, em vários momentos ficou difícil até mesmo utilizar a imagem do "tribunal", como uma instituição coletiva maior que seus membros individuais. Em vários destes artigos, o leitor notará que os personagens-chave são ministros do Supremo agindo individualmente, às vezes contra o resto de seus colegas. E, sozinhos, foram muitas vezes decisivos, por diversos meios que vão muito além das explosivas decisões liminares que volta e meia tomam as páginas dos jornais. Ministros se dirigem ao público e aos políticos fora dos autos e, ao fazê-lo, moldam também a opinião pública e a política nacional. Quais são, de fato, os limites da ação individual dos ministros do Supremo – especialmente em casos tão decisivos e de tanto impacto na vida nacional? Como fazer esses limites serem respeitados?

IMPEACHMENT DE DILMA ROUSSEFF: ENTRE O CONGRESSO E O SUPREMO

Na crise que produziu o *impeachment* de Dilma, os políticos foram centrais dentro do processo decisório. Deputados autorizaram o julgamento levado a cabo por senadores. Entre essas decisões, porém, uma série de conflitos surgiram sobre o procedimento adequado, o direito de defesa de Dilma e a própria natureza dos crimes de responsabilidade e do *impeachment*. O refrão repetido por todos os lados, de que o juízo de *impeachment* era "jurídico-político", não impediu conflitos sobre quem e como deveria tomar essas decisões procedimentais. Todos afirmavam respeitar a Constituição, mas, quando a Constituição municia os dois lados, alguém precisa decidir essas questões "jurídico-políticas": juízes ou políticos? Em quais decisões? Com qual alcance e em quais condições?

Em qualquer hipótese, durante todo esse processo, os juízes são sempre provocados pela parte derrotada na política – um traço cada vez mais disseminado do processo decisório democrático do Brasil pós-88. Nesses casos, porém, como se comportaram os juízes? Não dependem de voto, nem temem por seu cargo, e vêm de trajetórias profissionais distintas das dos políticos. São independentes – ao menos formalmente. Mas o que isso explica sobre o seu comportamento? Independência é antes de tudo um rótulo para dizer que certas coisas *não* vão motivar o comportamento desses atores, mas não nos diz exatamente o *quê* os motivará. Ser independente é ser livre para decidir como achar melhor? Livre de que? Melhor para quem?

Afirmar que apenas "cumprem a Constituição" é ingênuo. Não porque juízes necessariamente estejam de má-fé ou tenham agendas pessoais ou políticas – embora isso possa ocorrer. Mas porque, para juízes ou políticos, o texto constitucional é o mesmo: aberto, conflitante, múltiplo. Especialmente no contexto da crise do *impeachment*. Todos alegam "cumprir a Constituição". Mas o que isso de fato significa? Em que medida isso efetivamente limita? Nesse processo, não havia decisão fácil ou simples. Quais argumentos jurídicos convenceram os ministros? Quais considerações extrajurídicas sobre a situação do país ou o funcionamento de suas instituições podem ter influenciado? Quais deveriam ter influenciado? O que isso nos diz sobre o papel do Supremo e de seus ministros na crise?

Mais perguntas, enfim, do que respostas – esse tem sido o legado do *impeachment* até aqui. Da mesma forma, o que temos a oferecer ao leitor são mais pautas para reflexão sobre nossas instituições, do que soluções prontas para os problemas que apontamos. Procuramos entender, decodificar e criticar. Há uma tarefa muito maior, porém, que o *impeachment* lega para o futuro próximo: a de reformar nossas instituições. Esperamos que as análises produzidas colaborativamente por 39 professores, pesquisadores e profissionais do direito, e aqui reunidas, possam ser matéria prima para o aperfeiçoamento do Estado Democrático de Direito.

Gostaríamos de agradecer a Gabriela Gattulli e Luiz Gomes Esteves pelo auxílio na organização e atualização dos textos que compõem este volume, além da colaboração na produção das introduções de cada capítulo.

A CRISE POLÍTICA E A DENÚNCIA

IMPEACHMENT DE DILMA ROUSSEFF: ENTRE O CONGRESSO E O SUPREMO

Em outubro de 2014, após a acirrada disputa eleitoral, a chapa integrada por Dilma Rousseff e Michel Temer conquista a reeleição para os cargos de presidente e vice-presidente do país. Durante a campanha presidencial, Dilma afirmara diversas vezes que a situação econômica do país era favorável, e que, caso reeleita, não faria cortes em áreas sociais sensíveis, nem mexeria em direitos trabalhistas. Contudo, um mês depois de sua eleição, o governo anunciou reformas na direção oposta. Paralelamente às eleições, vinha se desenvolvendo a Operação Lava Jato, que ligou diversos políticos e empreiteiros a escândalos de corrupção na Petrobrás, a maior estatal do país. Com uma crise econômica agora já visível, em um cenário potencializado pelas manifestações populares de junho de 2013, esses fatos ajudaram a criar um ambiente de forte rejeição ao governo.

No início de seu segundo-mandato, porém, o governo de Dilma Rousseff acrescentaria a essa lista um novo problema. O governo havia apostado no deputado Arlindo Chinaglia (PT–SP) para ocupar a cadeira de presidente da Câmara dos Deputados. Chinaglia, porém, foi derrotado pelo deputado Eduardo Cunha (PMDB–RJ). Após passar por diversas legendas, Cunha era uma figura controversa no Congresso, tido como representante do chamado baixo-clero da Câmara. A vitória sobre o governo o fortaleceu dentro da casa, e Cunha soube aproveitar o momento para anunciar a retomada de uma agenda autônoma para a Câmara, se necessário em oposição ao governo.

Em meio às tensões entre o governo e a Câmara, a Operação Lava Jato foi prosseguindo durante o ano de 2015. No início de março, a Procuradoria-Geral da República encaminhou ao Supremo uma lista de 54 pessoas que deveriam ser investigadas em conexão com o esquema de corrupção na Petrobrás, incluindo diversas autoridades públicas, com foro privilegiado junto ao Supremo. Na lista, além do presidente do Senado, Renan Calheiros, estava também Eduardo Cunha, que passou a figurar como um dos principais investigados. A relação entre o governo e a Câmara dos Deputados se desgastou ainda mais. Além disso, o Conselho de Ética da Câmara dos Deputados havia recebido denúncias que poderiam levar à cassação de seu mandato.

Correndo ao lado da Lava Jato, da crise econômica e das tensões entre Câmara e governo, havia desde o início do ano ainda uma série de ações, junto ao Tribunal Superior Eleitoral, questionando a validade da eleição da chapa Dilma/Temer. Essas ações foram ganhando mais espaço e força conforme as denúncias da Lava Jato foram sendo apuradas, e mais informações foram surgindo sobre como contratos e operações da empresa eram utilizadas como moeda de troca, entre partidos da base aliada e empreiteiras, para financiamento de campanhas eleitorais, incluindo a de 2014. Em outubro de 2015 o Tribunal Superior Eleitoral, aceitando uma denúncia originalmente formulada pelo PSDB, deu formalmente início a uma ação que poderia gerar a cassação do mandato da chapa de Dilma e Temer, sob a acusação de que a reeleição havia sido beneficiada por abuso de poder econômico e político durante a campanha de 2014.

A crise política atingiu seu ápice em dezembro de 2015, com ataques mútuos entre governo e Eduardo Cunha. A presidência da Câmara já vinha recebendo pedidos de *impeachment* contra a presidente, Dilma Rousseff, ao longo do ano, mas, até ali, todos haviam sido arquivados por Cunha. Um deles, formulado por Hélio Bicudo, Janaína Paschoal e Miguel Reale Jr., ainda estava pendente de decisão de Cunha quanto à sua admissibilidade. No dia 2 de dezembro, porém, a bancada do PT na Câmara dos Deputados anunciou que votaria contra Eduardo Cunha no Conselho de Ética da Casa. No mesmo dia, Cunha autorizou o processamento da denúncia contra Dilma Rousseff por crimes de responsabilidade.

01

IMPEACHMENT AGORA É PULAR ETAPAS

Joaquim Falcão[1]

Na democracia, se eleitores estão descontentes com o governo, mudam, ganhando novas eleições. Se são congressistas os descontentes, depende. No parlamentarismo, propõe-se voto de desconfiança. Se ganham, mudam o governo. Não é nosso caso. No presidencialismo, pede-se *impeachment*.

Propor *impeachment* qualquer um pode. Mas não se deve confundir liberdade de propor com legalidade e legitimidade do que se está propondo. Contra Fernando Henrique propuseram quatorze, alegando, inclusive, compra de votos. Contra Lula foram 34, alegando, por exemplo, ter mandado funcionário do BNDES guardar sigilo sobre corrupção no banco. Contra Dilma já propuseram dezessete, alegando até desrespeito à "doutrina cristã que produziu a civilização brasileira". Todos recusados.

Voto de desconfiança no parlamentarismo derruba governo. O *impeachment* no presidencialismo derruba pessoa. O que está em jogo não é o sucesso ou insucesso de seu governo. É se o Congresso considera que um inadequado ato individual é mais importante do que os votos que o presidente recebeu. É mortal ataque pessoal.

Por isto a lei do *impeachment* é juridicamente específica. O Congresso tem toda liberdade para julgar o *impeachment* desde que esteja convicto de que houve, por exemplo, expedição de ordens contrárias à Constituição; uso de violência ou ameaça contra funcionário público para agir ilegalmente, ou outro caso que se enquadre na lei. Quem alegar teria que demonstrar a hipótese. Há também uma cláusula mais abrangente. Cabe *impeachment* se o presidente "proceder de modo incompatível com a dignidade, a honra e o decoro do cargo".

Até o momento, há um parecer do TCU levantando a possibilidade de crime de responsabilidade fiscal. Violação que deve ser investigada pelo Ministério Público e eventualmente pelo Supremo. Mas o TCU não é órgão de acusação. Nem mencionou Dilma.

Falar em *impeachment* agora é pular etapas. Possíveis envolvidos nem mesmo exerceram direito de defesa. Dá ao TCU poder que não tem. Por enquanto não há questão jurídica real. Há apenas tentativa

---

1 Artigo publicado no O *Globo* em 17 de abril de 2015.

de mobilização política e de pautar o debate público. O próprio Aécio Neves diz que só avança se tiver fatos comprovados de crime. E ser crime não é questão de opinião. Nem mesmo do Congresso. É decisão do Supremo. Não pode ser falta de decoro alegando-se crime, se não houve crime de responsabilidade fiscal. Cabe ao Congresso a palavra final sobre *impeachment*. Mas tem que ser coerente com a lei.

Impeachment é para salvar a honra da democracia. Não para derrubar políticas de governo. Há que se ter muita convicção e comprovação de que é a única e última solução.

ANTECIPAÇÃO DE ELEIÇÕES GERAIS É CONSTITUCIONAL? SIM

Thomaz Pereira[1]

Diante da atual crise política, a antecipação de eleições presidenciais para 2016 tem sido discutida por políticos governistas e da oposição. Porém – mesmo que haja vantagens nessa saída alternativa –, uma emenda constitucional convocando eleições antecipadas seria constitucional?

Sob certas condições, sim.

Emendas são inconstitucionais se violarem cláusulas pétreas – normas constitucionais tão fundamentais que limitam até esse poder. Uma proposta como essa provavelmente seria questionada no STF (Supremo Tribunal Federal). Prever uma decisão futura dos ministros é difícil. Mas, desde já, é possível imaginar formas de responder a possíveis questionamentos.

Dois limites constitucionais relevantes são a soberania popular e a separação de poderes. A convocação de eleições antecipadas é sempre uma devolução de poder ao povo. Não viola a soberania popular. Emendas que aumentassem o mandato de um presidente ou que determinassem a sua substituição por eleição indireta violariam esse princípio. Não é o caso. O que se propõe são novas eleições diretas.

Já o limite da separação de poderes apresenta problema mais delicado. Em um sistema em que congressistas e presidente são eleitos de maneira independente, uma emenda promulgada pelo Congresso Nacional simplesmente antecipando o fim do mandato presidencial seria inconstitucional.

Desrespeitaria a separação de poderes, pois se trataria de um – Legislativo – encerrando o mandato do chefe de outro – Executivo – por meio de legislação. Mas não precisa ser necessariamente assim.

É possível convocar novas eleições sem violar esse limite desde que se tenha o apoio do próprio Executivo. Idealmente, a proposta de emenda partiria da própria presidente, mas seu apoio formal a uma emenda já proposta pelo Legislativo também ajudaria a enfraquecer alegações desse tipo.

---

1 Artigo publicado *na Folha de S.Paulo* em 09 de abril de 2016.

Nesse caso, não teríamos um poder interferindo no outro, mas um concerto entre Legislativo e Executivo – sempre sob o controle do Judiciário, com o Supremo Tribunal Federal sendo certamente chamado a analisar o pacto.

Esta *Folha*, em editorial, ao se posicionar contra essa proposta, parece misturar esses dois limites. Declara acreditar que o encurtamento do mandato seria inconstitucional por violar o "voto periódico". Ao fazer isso, além de interpretar expansivamente a exigência de periodicidade, como uma proibição absoluta à redução de mandatos, justifica-se ilustrando o problema de "um Legislativo forte [...] abreviar a vida de um Executivo fraco".

No entanto, essa segunda questão, apesar de extremamente relevante, diz respeito à separação de poderes, sendo evitável pelo requisito de apoio do próprio Executivo. Essa separação serve para proteger cidadãos e conter abusos desse tipo – um amplo acordo entre os poderes de que é preciso devolver o poder ao povo é algo que merece respeito.

A presidente, Dilma Rousseff, indicou que só aceitaria discutir essa proposta caso as eleições fossem gerais. Presidente e legisladores colocariam seus cargos à disposição dos eleitores. Eleições gerais poderiam diminuir as chances de aprovação da emenda, mas aumentam as chances da sua constitucionalidade. Reforçam o caráter multilateral do pacto. Legislativo e Executivo juntos aprovando uma emenda que antecipa o fim dos mandatos de ambos está muito longe de situação em que um poder inconstitucionalmente invade as prerrogativas do outro.

Nesses termos, a medida seria constitucional. Mas, no momento atual, ser permitida é insuficiente. Resta saber se é factível e politicamente desejável.

03

ANTECIPAÇÃO DAS ELEIÇÕES GERAIS É CONSTITUCIONAL? NÃO

Ivar A. Hartmann[1]

Uma das noções mais intuitivas de Justiça é a de que jogadores não podem alterar em benefício próprio as regras do jogo durante seu andamento, é isso que cogitam alguns membros do governo com a proposta de novas eleições presidenciais.

Na Constituição do Brasil – e de muitos outros países – a máxima de que não se alteram as regras do jogo durante seu andamento é uma das consequências da adoção do princípio do Estado de Direito ou *rule of law*. A aplicação desse princípio geral para resolver a questão das novas eleições precisa ser guiada por normas mais concretas.

Uma delas é a exigência explícita de que o voto seja periódico. Como bem explicou o editorial *Eleição Constitucional*, recentemente publicado pela *Folha*, essa garantia de nossa Constituição visa proibir excessos em duas pontas diferentes. Eleições de menos, mas também eleições demais.

Tão ruim quanto trocar os representantes somente a cada quinze anos é substituí-los a cada quinze meses. Mais eleições não necessariamente significa mais democracia.

O governo costuma lembrar que a presidente, Dilma Rousseff, foi eleita com 54 milhões de votos. Esses votos eram para um mandato segundo as regras constitucionais válidas à época da eleição. Elas incluem mandato de quatro anos e possibilidades excepcionais de renúncia, impedimento ou cassação. Se mudar essas regras para apoiar novas eleições presidenciais agora, o governo estará agindo contra a legitimidade dos milhões de votos que sempre exaltou.

A regra do voto periódico exige eleições com uma frequência razoável. Essa frequência implica também previsibilidade. Um sistema estável de escolha dos representantes. Qualquer nova regra sobre as eleições deve ter caráter permanente. A possibilidade de reeleição não foi incluída na Constituição apenas para Fernando Henrique Cardoso. Passou a valer para todos e para sempre, a partir daí.

---

1   Artigo publicado na *Folha de S.Paulo* em 09 de abril de 2016.

A proposta de novas eleições é por natureza suspeita porque constitui uma alteração pontual, excepcional. Apenas Dilma teria acesso a essa "saída honrada". Uma emenda constitucional personalizada.

Outra regra que ajuda a dar significado para o princípio do Estado de Direito é a proibição de alterar a Constituição durante tempos conturbados e excepcionais.

Há expressa proibição de realizar emendas durante estado de defesa ou de sítio. Alterar regras essenciais do jogo político durante uma gravíssima crise política também é suspeito e exige como fundamento alguma necessidade especial.

O contexto da proposta de novas eleições não dissipa essas suspeitas. Pelo contrário, apenas as confirma. O resultado buscado pode perfeitamente ser obtido sem mudar as regras do jogo.

PT e PMDB podem redigir um documento de renúncia conjunta de Dilma Rousseff e Michel Temer, que seria assinado por ambos. Novas eleições viriam automaticamente em 90 dias, mas essa opção prejudicaria a reputação da presidente, de seu vice e dos seus respectivos partidos. Eles não querem arcar com esse custo.

A estabilidade institucional garantida a duras penas durante quase três décadas seria evaporada para a conveniência desses dois partidos e seus líderes. A cada nova crise, a resposta seria mexer nas regras essenciais do jogo.

A realização de novas eleições presidenciais neste momento significaria a mudança de um elemento vital da Constituição Federal, manejada em interesse exclusivamente próprio daqueles hoje no poder. É precisamente contra isso que a garantia do Estado de Direito protege os cidadãos brasileiros.

04

JUÍZES PODEM DERRUBAR O PRESIDENTE DA REPÚBLICA?

Silvana Batini[1]

O Tribunal Superior Eleitoral tem pela frente o julgamento de três ações cujo objeto é a cassação da presidente Dilma. O tema vem ocupando a mídia nos últimos dias, não apenas porque a crise política parece se agravar, mas também porque o Tribunal decidiu aceitar o depoimento dos réus colaboradores da Operação Lava Jato. Mas juízes podem derrubar presidentes?

Juridicamente, sim. Entretanto, essa resposta formal esconde muitas incertezas e caminhos não testados no direito brasileiro: da definição do que é abuso de poder econômico e político – principal imputação nas três ações que tramitam no TSE – às consequências da cassação do mandato nessas condições.

A Constituição prevê uma ação específica para impugnar o mandato obtido com abuso. A Lei Complementar 64/90, alterada pela Lei da Ficha Limpa, tem previsão semelhante e estabelece o procedimento de apuração do ilícito. Uma vez constatado que houve abuso, a lei prevê a cassação do registro do candidato – se ainda estiver em curso o processo eleitoral – ou do diploma – o que equivale a cassar o mandato.

Mesmo antes da Ficha Limpa, o direito brasileiro já previa essa solução há décadas. A lei, contudo, nunca definiu o que é abuso de poder econômico e político. Trata-se de um elemento normativo de conteúdo aberto e, portanto, sujeito a interpretações pontuais por parte da justiça eleitoral, que vem construindo categorias para configurar o que seria o abuso na prática.

O problema é que essas categorias são, elas mesmas, vagas e sujeitas à interpretação. Potencialidade lesiva, lisura, equilíbrio do pleito, isonomia, liberdade – são tentativas imperfeitas de responder, com um mínimo de objetividade, a questão de quando o abuso compromete a normalidade e a legitimidade de uma eleição a ponto de se anularem os votos de milhares de eleitores. Na última década, estes parâmetros vêm sendo utilizados para cassar prefeitos, vereadores e, excepcionalmente, alguns governadores. Como seriam aplicados em uma ação contra o presidente da República, em um contexto de crise política? Há aqui, pelo menos, quatro complicadores para a atuação judicial.

---

1 Artigo publicado no JOTA em 09 de julho de 2015.

Primeiro, a Lei da Ficha Limpa determinou que a configuração do abuso independe do seu impacto efetivo no resultado da eleição. O tribunal deve se ater tão somente à gravidade da conduta. Ou seja, se o TSE admitir que a campanha foi irrigada com dinheiro de corrupção, terá que decidir se isto é grave ou não, independentemente da influência que teve no resultado da eleição.

Segundo, a prova mais contundente que está sendo produzida nestas ações provém de uma ação penal de proporções enormes. As colaborações premiadas produzidas na Lava Jato, por força da lei, não bastam como provas no âmbito penal, valendo apenas como indício deflagrador de investigações. Em outras palavras, a delação sozinha não serve para condenar ninguém. Mas quando estes delatores prestam depoimento nas ações eleitorais, o fazem na qualidade de testemunhas simples, e não estão sujeitos ao limite da ação penal: os depoimentos valem como prova.

Terceiro, se o TSE de fato avançar no mérito destas ações, deverá estabelecer limites da responsabilidade subjetiva eleitoral — problema até hoje negligenciado pela doutrina e jurisprudência. Se o objeto das ações eleitorais tem a ver com os fatos da Lava Jato e se a Presidente não responde criminalmente por estes fatos, poderá responder por eles no plano estritamente eleitoral – já que, neste caso, o bem protegido é a legitimidade das eleições?

Por fim, na hipótese destas ações serem julgadas procedentes, o STF já decidiu que a consequência jurídica aplicável seria a anulação de todos os votos dados à chapa, nos termos do artigo 224 do Código Eleitoral. Este dispositivo, de 1965, prevê que, se a justiça anular mais de 50% dos votos, deve-se realizar novas eleições. O problema é que este artigo foi concebido em um tempo em que as eleições majoritárias eram decididas em um só turno. No sistema de apenas um turno, é possível e comum que um candidato vença com menos de 50% dos votos; no sistema atual, isso é muito improvável. A questão é tormentosa, e sua solução pode ser alterada em um futuro breve no bojo da reforma política: o Senador Romero Jucá recentemente apresentou proposta (PLS 442/2015) que, em caso de cassação, prevê a realização de novas eleições, independentemente do número de votos anulados.

Quando confrontado com o processo de cassação do ex-governador Jackson Lago, em 2009, o TSE e o STF afastaram a aplicação do artigo 224 ao segundo turno das eleições. Com isso, foi dada posse à segunda colocada, Roseana Sarney. A solução gerou desconforto e dúvidas, mas vem sendo aplicada desde então. Mas o TSE estaria preparado para aplicá-la no caso de cassação do Presidente? Neste caso Aécio poderia ter que responder pela mesma espécie de ilícito, já que também recebeu doações das empreiteiras. Para tomar posse, teria que ser diplomado, e a partir daí correria o prazo de quinze dias para a propositura de uma ação semelhante à que responde Dilma. A jurisprudência do TSE só viria a agravar os traumas da eleição de 2014.

Já vivenciamos um Presidente derrubado pelo Congresso. Nunca vimos, porém, juízes cassando mandatos presidenciais. Esses problemas podem não vir a se concretizar no caso de Dilma, mas existem. São bombas relógio escondidas na jurisprudência e nos manuais de direito eleitoral.

05

A ESTRATÉGIA SEM CONSEQUÊNCIAS DE GILMAR MENDES NO TSE

Silvana Batini[1]

De sua cadeira no TSE, o ministro Gilmar Mendes enviou dados das contas de campanha da presidente Dilma Rousseff para a Polícia Federal e o Ministério Público, cobrando providências. Um juiz eleitoral abrindo espaço para possíveis medidas criminais. Quais as implicações deste ato?

Em um primeiro nível de análise – o plano do Direito Eleitoral – a resposta parece ser: nenhuma. Gilmar Mendes foi o relator da prestação de contas de campanha da presidente Dilma, aprovadas com ressalvas em dezembro passado. O julgamento de contas de campanha é atividade jurisdicional, ou seja, uma decisão definitiva. No caso, as "ressalvas" na aprovação não comprometem a regularidade das contas. A aprovação já transitou em julgado.

Como é possível, então, que dessas contas ainda possam surgir efeitos? A resposta está no labirinto intrincado e com frequência irracional em que se transformou a lei eleitoral brasileira. Candidatos vencedores só podem ser diplomados e empossados depois do julgamento de suas contas, em prazo aproximado de 40 dias após a eleição. Mas a exigência está no julgamento, e não na aprovação das contas. Candidatos que porventura tenham suas contas desaprovadas ou aprovadas com ressalvas podem sofrer algum grau de constrangimento público, mas daí não surge qualquer consequência legal. A implicação inevitável, e muito problemática para contextos de crise política, é que a aprovação das contas de campanha tampouco oferece ao vencedor um atestado fidedigno de legitimidade.

Nesse cenário, o julgamento de contas de campanhas pela justiça eleitoral é hoje um procedimento esvaziado de eficácia. Gilmar Mendes está operando com mecanismos que já não têm mais impacto possível na esfera eleitoral.

Para que ilícitos no financiamento de campanha levem à cassação de mandato é necessário que sejam apurados em procedimentos próprios, diversos da prestação de contas, e que devem ser abertos até quinze dias após a diplomação. A presidente Dilma responde a três destas ações, distribuídas a dois outros ministros do TSE – não sendo mais possível uma nova ação com este mesmo objetivo. Todas as cartas já estão na mesa.

---

1 Artigo publicado no JOTA em 31 de agosto de 2015.

No âmbito da prestação de contas de campanha também não há mais nada a ser feito. A notícia de que propina do esquema do "petrolão" ingressou nas contas do partido pode reverter em uma devassa nas contas do PT, já que contas de partidos podem ser reviradas a qualquer tempo. Contudo, a consequência da comprovação de qualquer irregularidade se restringe a limites nos repasses do fundo partidário. Não interfere nos mandatos conquistados.

Aprovadas as contas, portanto, restou ao ministro Gilmar invocar o Direito Penal e reclamar pela apuração de lavagem de dinheiro e falsidade. As implicações disso poderão talvez ser sentidas em um plano institucional mais amplo, com um agente estatal chamando a atenção para o que considera como potenciais irregularidades. Juridicamente falando, porém, a fala de Gilmar Mendes não muda o fato de que o direito eleitoral esgotou suas alternativas. E vai ser sempre assim até que a lei passe a tratar prestações das contas de campanha com mais seriedade e consequência.

06

O QUEBRA-CABEÇA DO IMPEDIMENTO

Joaquim Falcão[1]

Retirar um presidente eleito da Presidência da República é o ato mais grave do regime democrático. Por isto, a Constituição cria uma série de obstáculos até que se chegue à decisão definitiva. Prudência constitucional.

Se a decisão vier através do Tribunal Superior Eleitoral, chama-se cassação. Pressupõe a comprovação de ato eleitoral considerado ilegal pelo tribunal e diretamente relacionado à chapa vitoriosa. Como, por exemplo, abuso do poder econômico. Se comprovado – até então não se comprovou – vai ter recurso ao Supremo. E se confirmado pelo Supremo, assume a Presidência da República o deputado Eduardo Cunha, por 90 dias. Retira-se Dilma e Temer, convocam-se novas eleições, ou assume o segundo colocado, Aécio.

Alguns consideram este o caminho da imprudência política. Se a decisão vier pelo Congresso, chama-se impedimento. Pressupõe a evidência de um ato praticado pela presidente considerado ilegal no exercício de suas funções presidenciais. Neste mandato, segundo alguns, não se encontrou este ato.

Muitos acreditam que se encontrará no Tribunal de Contas da União: a assinatura da presidente Dilma em decretos considerados ilegais, ou pedaladas. Esta ilegalidade seria também contestada no Supremo.

Diria o poeta Drummond: "no meio do caminho tem uma pedra". Provavelmente, o Supremo. E duas muralhas: a necessidade de 342 votos dos 513 da Câmara e de 54 votos dos 81 do Senado. Mais ainda: o Senado seria transformado em tribunal presidido pelo ministro Lewandowski.

Nem cassação ou impedimento são instrumentos para resolver crise econômica – inflação, juros altos ou desemprego – nem para resolver crise moral – corrupção ou improbidade. Foram feitos para punir presidente ou vice que, individualmente, cometeu grave ato contra a democracia. Este ato não tem nada a ver com competência ou incompetência gerencial.

Crise gerencial resolve-se com as eleições de 2018, ou com acordos políticos partidários de largo espectro que una líderes, partidos e nação. Una Executivo e Legislativo. Este acordo deve ser resistente à Constituição, à avaliação do Supremo e aos mísseis de Curitiba.

---

1 Artigo publicado no *O Globo* em 23 de setembro de 2015.

Na época Collor, havia este ato pessoal ilegal, mas teve-se que construir atmosfera favorável ao *impeachment*. Hoje há atmosfera, mas ainda não encontraram o ato. Procuram.

Encontrarão?

07

DILMA ROUSSEFF JÁ É INELEGÍVEL? AS CONTAS, O TCU E O *IMPEACHMENT*

Michael Mohallem[1]

O parecer do Tribunal de Contas da União (TCU) pela rejeição das contas do governo já pode ter provocado a inelegibilidade da presidente por oito anos. Apesar de ser uma consequência dura, pode estar aí – e não no *impeachment* – um caminho razoável para enfrentar o problema das pedaladas.

Mesmo se confirmada pelo Congresso, a rejeição das contas não é suficiente para sustentar o *impeachment* da presidente. Por três razões: primeiro, a análise das "pedaladas fiscais" foi casuística, não havendo base adequada para comparação de sua gravidade com nossas práticas institucionais. Segundo, numa democracia sadia, há outras formas de coibir esse tipo de manobra contábil. O que leva ao terceiro ponto: o uso do *impeachment* é desproporcional nessa situação. Seu uso pode banalizar o próprio instituto, trazendo instabilidade política para o Brasil.

Há pouco tempo, um jornal trazia na manchete que o governo Dilma é o primeiro a ter as contas reprovadas no TCU desde Getúlio Vargas. Mas não foi o primeiro, nem o único a dar causa à reprovação. O próprio relator das contas, Augusto Nardes, disse a uma revista semanal[2] que, embora pedaladas tenham acontecido anteriormente, "melhorias recentes nas auditorias operacionais e financeiras possibilitaram, pela primeira vez, que a corte identificasse os malfeitos do governo". Além do processo novidadoso no TCU, também o Legislativo se mostra disposto – agora, no caso de Dilma – a mudar seus costumes. Nos últimos quatorze anos o Congresso não havia[3] votado sequer uma vez a conta de qualquer presidente.

---

1   Artigo publicado no JOTA em 23 de outubro de 2015.
2   MOHALLEM, Michael. *Dilma Rousseff já é inelegível? As contas, o TCU e o impeachment.* Publicado em JOTA em 23 out. 2015. Disponível em: <https://goo.gl/Helm2E>. Acesso em 27 jun. 2017.
3   AZEVEDO, Reinaldo. *Relator das contas de Dilma rebate tese de que TCU sempre tolerou pedaladas.* Publicado em VEJA em 15 jul. 2015. Disponível em: <https://goo.gl/FoSxEv>. Acesso em: 25 ago. 2017.

Do ponto de vista ético, como é claro, não faz sentido justificar um malfeito com outro não julgado. A decisão do TCU e a análise do Congresso podem servir para mudar nossos hábitos institucionais deste ponto em diante. Mas, até aqui, qualquer juízo de gravidade sobre a "pedalada" de Dilma é casuístico. Simplesmente não há base para comparação: essa análise pelo TCU e pelo Congresso é inédita. Se houve mesmo mudança de atitude ou simples casuísmo por parte dessas instituições, só saberemos de fato em futuros governos. Mas a rejeição das contas deve ser interpretada nesse contexto institucional mais amplo.

Além disso, ao contrário do que parece ser a impressão geral na imprensa, não estamos diante de uma escolha binária: ou aplicamos o *impeachment*, ou tudo terá terminado em pizza. Há outras punições aplicáveis a quem faz manobras contábeis em violação à lei. No caso, aliás, foram manobras contábeis sem prejuízo ao erário. Para o senador Roberto Requião,[4] "o TCU está julgando uma mera formalidade", um ato que ele descreve como engenharia financeira e não um crime: "ninguém se apropriou de recurso público. A economia não foi afetada, nem o interesse público".

Não se trata de ignorar a ilegalidade, mas sim de considerar outras medidas entre a impunidade e o *impeachment*. A lei das inelegibilidades[5] abre espaço para que Dilma fique inelegível por oito anos, caso a Justiça Eleitoral assim o decida na ocasião de uma próxima candidatura. O entendimento vigente é que mesmo que as contas não sejam definitivamente rejeitadas pelo legislativo, pode o TSE examiná-las a partir de decisão irrecorrível dos tribunais de contas. O STF deverá dizer em breve se essa jurisprudência prevalece através do Recurso Extraordinário (RE) 848.826, com repercussão geral reconhecida. Mas até que isso aconteça, a presidente estará sujeita a esse destino. A inelegibilidade, neste caso, permite coibir comportamentos indesejados sem jogar fora a necessária deferência às urnas ou abalar o equilíbrio institucional do país.

Por fim, artificializar a gravidade justificadora do *impeachment* em um parecer feito à oportunidade pode custar caro ao Brasil. Afastar um presidente por um pretexto formalista quando a verdadeira razão é a crise política, a corrupção do governo e, principalmente, a crise econômica,

---

4 REQUIÃO, Roberto. *Requião: TCU espetacularizou a formalidade contábil; é o rabo abanando o cachorro*. Publicado em Vi o Mundo em 8 out. 2015. Disponível em <https://goo.gl/Ruorju>. Acesso em: 25 ago. 2017.

5 PLANALTO. *Lei complementar n° 64, de 18 de maio de 1990*. Disponível em: <https://goo.gl/PqY9A4>. Acesso em: 27 jun. 2017.

deixa para o futuro uma arma carregada. A espada que estará sempre sobre o pescoço do próximo governante a enfrentar uma crise econômica. E qual democracia sólida não viveu uma em algum momento?

O *impeachment* é um instrumento da Constituição. Mas seu uso nem sempre será necessariamente constitucional. Se o objetivo é punir violações da lei, é preciso lembrar que há outras medidas potencialmente aplicáveis ao caso de Dilma. Neste momento, mais do que punir Dilma, pede-se *impeachment* como sinônimo de *recall*. Querem *impeachment* como se os parlamentares pudessem traduzir no voto indireto a reprovação popular ao mandato de Dilma. Ganharíamos mais vivendo com as escolhas já feitas até o próximo ciclo eleitoral.

08

MEDO LEVOU EDUARDO CUNHA A INICIAR *IMPEACHMENT* CONTRA DILMA ROUSSEFF

Joaquim Falcão[1]

Medo diante de três acontecimentos. Primeiro, a capacidade da Lava Jato, com a Procuradoria-Geral da República, continuar revelando fatos indignantes. Segundo, a inédita decisão do Supremo de prender um congressista. Terceiro, a decisão do PT de não o apoiar na Comissão de Ética. Não se trata mais de saber se tem conta na Suíça ou não. Se mentiu ou não aos colegas. Tudo fica pequeno quando a alma é pequena. A eventual conduta ilegal de Eduardo Cunha agora é outra. É maior. Fácil perceber.

As prerrogativas de decidir pauta, horário das sessões, prioridades de votação, encaminhamento ou não dos pedidos de *impeachment*, por exemplo, não são prerrogativas do "cidadão" Eduardo Cunha. Nem mesmo do "deputado" Eduardo Cunha. São prerrogativas públicas do cargo de "presidente da Câmara".

Como prerrogativas públicas, não podem ser apropriadas por interesses privados. É como se um policial usasse a viatura pública, que tem finalidade de garantir a segurança da coletividade, para ir à praia com a família. Ou o delegado deixasse de registrar uma queixa porque é contra um parente seu.

Em suma: o presidente da Câmara, Eduardo Cunha, estaria usando da prerrogativa pública para a proteção privada do cidadão Eduardo Cunha. São papéis com direitos e deveres distintos. Não se confundem. Não é por menos que vários juristas consideram, e já começam a surgir, junto ao Supremo, tentativas de caracterizar esta ilegalidade.

Será prevaricação? Diz o Código Penal, no artigo 319: "Retardar ou deixar de praticar, indevidamente, ato de ofício, ou praticá-lo contra disposição expressa de lei, para satisfazer interesse ou sentimento pessoal". Será desvio de finalidade? Diz o artigo 2º, e, da Lei de Ação Popular: "o desvio de finalidade se verifica quando o agente pratica o ato visando a fim diverso daquele previsto, explícita ou implicitamente, na regra de competência". Será coação no curso do processo? Diz o artigo 344 do Código Penal: "Usar de violência ou grave ameaça, com o fim de

---

1 Artigo publicado no JOTA em 03 de dezembro de 2015.

favorecer interesse próprio ou alheio, contra autoridade, parte, ou qualquer outra pessoa que funciona ou é chamada a intervir em processo judicial, policial ou administrativo, ou em juízo arbitral". Será ofensa ao princípio constitucional da separação de poderes? Tentar impedir que os poderes funcionem livremente?

Quem decidirá é o Supremo.

A jurisprudência sugere que o Supremo dificilmente avaliará se há ou não fato e motivo legal para o *impeachment* da presidente Dilma. Esta decisão cabe ao Congresso, mas certamente será provocado a decidir sobre a legalidade ou não do processo decisório que Eduardo Cunha estaria seguindo. O Ministro Marco Aurélio já está ansioso por tanto.

Se o Supremo decidir que não houve ilegalidade da parte de Cunha, o processo continua. Se ilegalizado, como essa ilegalidade afetará o pedido de *impeachment* em curso? Afasta-se o Presidente da Câmara? O processo deve parar, ou mesmo assim continuar?

Pode ainda o Supremo não decidir nada. Esperar para ver.

O Supremo nada decidir significa que quem comanda o país é o círculo vicioso da crise econômica e o círculo virtuoso dos mísseis da Lava Jato. Tem época que o direito molda a política. Em outras, a política molda o direito. Hoje, não sabemos bem.

09

MITOS E VERDADES SOBRE AS "PEDALADAS FISCAIS"

Melina Rocha Lukic | José Roberto R. Afonso[1]

Com a discussão das chamadas "pedaladas fiscais" como potencial fundamento para um *impeachment*, a recente rejeição, pelo TCU, das contas do exercício de 2014 da presidente Dilma, ganhou destaque sem precedentes na imprensa. Mas, em termos fiscais e jurídicos, o que são exatamente as "pedaladas"?

No jargão dos especialistas do orçamento público, o termo "pedaladas" sempre foi usado para definir um atraso de pagamento, quando uma despesa pública que venceria em certa data acaba sendo, de uma ou outra forma, postergada. O compromisso do governo em nada muda, mas a postergação permite reduzir temporariamente um gasto e fabricar um breve efeito de *superávit* primário. Isto porque, no Brasil, o resultado fiscal costuma ser calculado pelo Banco Central segundo o chamado regime de caixa – ou seja, a despesa é computada na data em que saiu dos cofres públicos. Nas maiores economias do mundo, como EUA, Reino Unido, França e Canadá, é incomum que a autoridade monetária seja responsável por medir os principais indicadores fiscais. Mais raro ainda é que as contas públicas não sigam o regime de competência, tal como nas empresas, em que se computa a obrigação quando assumida e não quando paga.

Para melhorar artificialmente o *superávit* primário, em 2014, o governo federal recorreu como nunca à prática de "pedalar" os gastos. Uma forma especial foi pedalar com a bicicleta dos outros: no caso, bancos públicos pagaram os gastos do Tesouro no lugar dele, em especial, benefícios de programas sociais – como seguro-desemprego e bolsa família. O TCU demonstrou que, em 2014, foram sacados a descoberto volumes expressivos e por um período de tempo inédito no caso dos pagamentos de benefícios realizados pela Caixa Econômica Federal, Banco do Brasil e BNDES, sem a posterior e imediata cobertura pelo Tesouro Nacional.

Segundo o relatório do TCU, ao final de agosto de 2014, a Caixa Econômica Federal registrou em seu ativo R$ 1.740,5 milhões em valores a receber do Governo Federal, referentes a pagamentos relativos a

---

1   Artigo publicado no JOTA em 05 de novembro de 2015.

programas sociais – Bolsa Família, Abono Salarial e Seguro Desemprego. Tais valores não eram registrados pelo Bacen no rol de obrigações da Dívida Líquida do Setor Público. O mesmo relatório mostra que, nos exercícios financeiros de 2013 e 2014, o saldo das contas referentes ao Seguro-Desemprego ficou negativo em quinze dos dezesseis meses, enquanto o saldo da conta referente ao Abono Salarial ficou negativo em onze dos dezesseis meses. Com relação ao Abono Salarial, os dados encaminhados pelo MTE ao TCU mostraram que: "em 2014, até o dia 28 de novembro, em 79 dias o saldo da conta de suprimento ficou negativo; o maior valor para o saldo negativo foi de R$ 1.508,9 milhão; o valor médio dos dias com saldo negativo foi de R$ 314,1 milhões". A conta referente ao Bolsa Família chegou a ficar com um saldo negativo de mais de R$ 2 bilhões em 31 de julho de 2014.

Como qualquer outro correntista, quando a conta bancária fica negativa, a instituição financeira cobra juros de modo que tal operação constitui uma operação de crédito. A Caixa chegou a reclamar na Justiça que não recebeu tais juros. Antes, acionou a Advocacia da União através da Câmara de Conciliação e Arbitragem da Administração Federal em busca de um acordo. Logo em seguida, porém, a AGU suspendeu a tramitação do processo e passou a alegar que se tratava de uma mera "prestação de serviços *sui generis*". Nunca demonstrou, porém, como e quanto se pagou por estas prestações, nem quanto foi recolhido de impostos sobre tais serviços – ISS, PIS, COFINS.

O problema é que a Lei de Responsabilidade Fiscal proíbe o governo de tomar empréstimo junto a um banco que controla. A Lei do Colarinho Branco (Lei nº 7.492/86) também prevê como crime o fato do controlador *"tomar ou receber direta ou indiretamente, empréstimo ou adiantamentos"* de seu próprio banco. Implicitamente admitindo que houve uma irregularidade ou até mesmo um crime, a defesa do governo Dilma passou a defender a tese de que essa ilicitude já teria sido cometida antes, inclusive por outros governos, sem qualquer condenação da prática pelo TCU. O TCU, por sua vez, no julgamento final das contas, descoberto[2] que as contas ficaram nos últimos anos. A conclusão é que, em 2014, o governo ultrapassou, em muito – tanto no tempo quanto nos valores – o que ocorreu nos meses e anos mais recentes, ao menos no caso da Caixa Econômica.

---

2 LEITÃO, Míriam. *TCU prova que não houve 'pedalada' antes. Veja o gráfico.* Publicado em O Globo em 09 out. 2015. Disponível em: <https://goo.gl/vs6r6x>. Acesso em: 27 jun. 2017.

Nesta comparação, é importante distinguir situações pontuais de práticas recorrentes. Segundo a própria Caixa, os repasses são baseados em estimativas e o efetivo saque pode se alterar de um momento para outro, causando um saldo positivo ou negativo após a transferência aos beneficiários. Isso é muito diferente da ausência de qualquer repasse prévio por longos dias, como mostram os dados do TCU no caso do governo Dilma, discutidos acima.

Mas qual o impacto destas "pedaladas" do governo Dilma no erário público e na economia do país? Muitos argumentam que, por se configurarem simples atrasos nos repasses, trata-se de mera questão contábil. Não houve efetivo desvio ou prejuízo aos cofres públicos. Esta visão esconde prejuízos públicos importantes, ligados à falta de transparência. São, porém, difíceis de mensurar. Justamente porque o governo conseguiu maquiar as contas por tanto tempo, fugindo de assumir o *déficit* fiscal e diminuí-lo por meio de mais dívida pública, pode ter se agravado a bola de neve que nos levou aonde estamos: orçamento apresentado com previsão de *déficit* fiscal, necessidade de ajuste fiscal drástico com cortes de gastos e aumento de receitas, instabilidade econômica, rebaixamento da nota de investimento do país, etc. Com mais transparência à época, talvez algumas medidas já poderiam ter sido tomadas antes, permitindo talvez um ajuste fiscal gradual e com maior confiança dos agentes econômicos.

10

IMPEACHMENT NO STF – O OLHAR DOS MINISTROS SOBRE O CASO COLLOR

Pedro Cantisano[1]

O que é o processo de *impeachment*? Qual o papel do Supremo nesse processo? Formalmente, a Constituição de 1988 e a Lei n° 1.079 de 1950 indicam que é um julgamento por crimes de responsabilidade, presidido pelo presidente do Supremo e decidido pelos senadores. Na prática, as respostas foram construídas entre 1992 e 1993, quando uma crise colocou à prova a ordem institucional de 1988. Os fatos são conhecidos: o processo de *impeachment* foi instaurado, Collor foi afastado da Presidência e, em meio ao julgamento, renunciou. Hoje, graças ao projeto de História Oral do Supremo, da Fundação Getulio Vargas, podemos compreender o *impeachment* a partir do olhar dos próprios ministros que participaram do processo.

Presidente do Supremo na época, Sidney Sanches presidiu o processo no Senado. Segundo o ministro, nada o ocupou, preocupou e tornou tão famoso quanto o *impeachment*. Por motivos claros: "Eu ia presidir um foro político para julgar um crime político praticado por um cidadão político e que ia ser julgado por políticos". Magistrado de carreira, Sanches parecia estranhar a balbúrdia política. Chegou a duvidar das suas próprias capacidades de operar naquele meio quando, logo após o processo, foi convidado a ser candidato. "Na política é terrível. Ali é uma briga de faca" – afirma o ministro.

Para Sanches, seu papel era o de um diretor apartidário, isento e neutro. A Constituição e a Lei eram o roteiro a ser seguido. No entanto, o roteiro não era dado, mas interpretado. Antes de o processo começar, em uma sessão administrativa, os ministros do Supremo adaptaram o roteiro legislativo de 1950 aos mandamentos constitucionais de 1988. Entenderam que a Câmara não tinha mais o poder de processar, apenas de autorizar a instauração do processo.

Os senadores, por sua vez, eram juízes. Juízes políticos, partidários. Cabia a eles decidir, no mérito, se Collor era culpado dos crimes de responsabilidade, se deveria ser punido com a perda do mandato e oito anos de inelegibilidade. O mérito do *impeachment* seria, portanto, tão político quanto os juízes-senadores. Segundo Sanches: "Qualquer presidente que não tiver apoio no Congresso corre esse risco".

---

1 Artigo publicado no JOTA em 03 de dezembro de 2015.

Enquanto o processo corria no Senado e Sanches exercia seu papel ativo de presidente, os outros ministros do Supremo se mantinham inertes. Foram forçados a entrar em cena pelos advogados de defesa, que impetraram mandados de segurança contra violações processuais, como falta de intimação no prazo e tempo insuficiente para ouvir testemunhas. Diante desses pedidos, segundo o ministro Carlos Velloso, o papel do Supremo era arbitrar a tramitação do processo – papel decisivo para garantir os direitos fundamentais do réu, observa o ministro Néri da Silveira. Velloso resume: "o Tribunal estava no centro da questão, arbitrando a questão constitucional, cuidando para que as coisas andassem corretas, para que fosse assegurado o direito de defesa, enfim, para que não se praticasse nenhuma arbitrariedade".

Para o ministro Sepúlveda Pertence, o momento mais dramático veio após o *impeachment*, quando um mandado de segurança contestou a aplicação da pena de inelegibilidade por oito anos. O julgamento terminou empatado em 4 a 4. Sanches, por ter presidido o processo no Senado, Francisco Rezek, ex-ministro do governo Collor, e Marco Aurélio Mello, primo do ex-presidente, não participaram. Foram, então, convocados três ministros do STJ – regra do regimento que já não existe mais. Um Supremo reconfigurado negou o mandado de segurança do ex-presidente. O mérito da decisão política foi preservado. Mas em votação apertada, e só depois de discussão, segundo Pertence, "acalorada".

Mais de vinte anos depois, as memórias dos ministros do Supremo – tão importantes, quanto incompletas e parciais – construíram uma narrativa sobre o *impeachment*: tratou-se de um processo político. O presidente do Supremo zelou pelo roteiro legal e constitucional, sem interferir na decisão política de mérito. Provocados, os ministros atuaram como árbitros, protegendo as garantias processuais do réu. Quando políticos se tornam juízes, juízes devem dar um passo atrás, para garantir que o jogo de forças se desenrole dentro de um roteiro que determina procedimentos, mas não resultados. Narrativa, portanto, de deferência ao processo político-democrático.

O roteiro, entretanto, não é recebido pronto, das mãos de um roteirista do passado – legislador ou constituinte. Em 1992, os ministros do Supremo tiveram que adaptá-lo. Foram coautores do procedimento. Mesmo o mérito, que Sanches considerava exclusivamente político, foi contestado judicialmente. A resposta final sobre a inelegibilidade de Collor coube a um Tribunal de ministros divididos quanto ao seu próprio papel naquele processo. Sepúlveda Pertence acredita não haver, no mundo, "tribunal que tenha uma jurisprudência tão rica em matéria de *impeachment*" quanto o Supremo. Em dezembro de 1993, a construção desta jurisprudência ficou à mercê de discussões acaloradas e do desempate proporcionado por uma composição ocasional e atípica. Em meio à crise, por muito pouco, autocontenção não virou judicialização.

A PRIMEIRA TENTATIVA E A INTERVENÇÃO DO SUPREMO

A abertura do processo de *impeachment* ocorreu em 2 de dezembro de 2015, quando o Presidente da Câmara, Eduardo Cunha, acolheu a denúncia apresentada em 21 de outubro de 2015. O principal fundamento que embasava o pedido, formulado pelos advogados Hélio Bicudo, Miguel Reale Jr. e Janaína Paschoal, consistia em duas acusações formais. Primeiro, a presidente da República havia utilizado as chamadas "pedaladas fiscais" – atrasos deliberados e sistemáticos nos repasses para bancos públicos que precisariam continuar mantendo programas sociais, o que configuraria um tipo de operação de crédito vedado pela lei de responsabilidade fiscal e pela lei de crimes de responsabilidade. Segundo, a abertura de créditos extraordinários por meio de decretos, no ano de 2015, fora do que o Congresso havia autorizado como despesas, como forma de cumprir as metas estabelecidas na previsão orçamentária.

Embora houvesse outras acusações, Eduardo Cunha registrou que só aceitava a denúncia com relação a essas duas acusações, pois eram as únicas que se referiam ao mandato atual de Dilma. Na interpretação de Cunha, fatos relativos ao mandato anterior não poderiam ser objeto de processo por crime de responsabilidade.

Logo após mandar processar o pedido subscrito pelos advogados, Eduardo Cunha determinou a criação de uma comissão especial para a análise do pedido. Houve, contudo, intensa controvérsia sobre a forma de escolha dos deputados que comporiam a comissão. De um lado, defendia-se que seria possível a proposição de várias chapas, desde que respeitada a representação proporcional dos partidos na composição vencedora, que se tornaria então a comissão. Por outro lado, havia o entendimento de que, ao exigir representação proporcional para a composição da comissão especial, a Constituição implicitamente exigiria que isso deveria ocorrer através da indicação direta dos membros da comissão pelos líderes partidários, sem eleições abertas no plenário da casa, do mesmo modo que ocorria nas outras comissões existentes no Legislativo.

Na prática, a controvérsia surgiu em virtude de uma disputa existente dentro do próprio PMDB. O líder do partido na Câmara, deputado Jorge Picciani (PMDB-RJ), era contrário ao *impeachment*, e havia indicado para a comissão membros que se alinhavam à sua posição. Isso gerou revolta na ala antigovernista no PMDB, incluindo o próprio Eduardo Cunha, bem como na oposição ao governo Dilma, que decidiram lançar uma chapa avulsa, com uma composição em princípio mais favorável ao *impeachment*.

Além da polêmica da possibilidade ou não da disputa da composição da comissão por chapas avulsas, também havia dúvidas sobre se a eleição para escolha de seus membros deveria ser aberta ou secreta. Em meio às dúvidas, no dia 8 de dezembro de 2015, após um adiamento estratégico manejado por Eduardo Cunha, a chapa avulsa, formada pela oposição e pelos dissidentes do PMDB venceu a disputa, em votação secreta.

As discussões sobre a votação secreta e a validade da eleição por chapa avulsa chegaram ao Supremo Tribunal Federal, por via de uma "Arguição de Descumprimento de Preceito Fundamental" (ADPF 378) proposta pelo Partido Comunista do Brasil no dia 3 de dezembro, dia seguinte à abertura do *impeachment*. Contudo, o pedido cautelar de suspensão do *impeachment* foi analisado pelo ministro Edson Fachin apenas na noite do dia 8 de dezembro, logo após a eleição da chapa para compor a comissão especial do *impeachment*. Na análise do pedido, Fachin deferiu medida cautelar para determinar a suspensão imediata da instalação da comissão, bem como do processo de *impeachment* como um todo, até que o Tribunal discutisse a questão em plenário, o que estava programado para ocorrer na semana seguinte.

Após a decisão de Fachin, mas ainda antes do julgamento de mérito, diversos atores políticos buscaram o tribunal. A presidente Dilma Rousseff propôs ação para questionar os atos praticados por Eduardo Cunha no processo de *impeachment*. Por sua vez, a oposição ao governo sustentou a legalidade do procedimento, em petição dirigida ao julgamento da ADPF. Diversos partidos políticos solicitaram a participação no julgamento da ADPF como *amici curiae* (amigos da corte) – entidades que podem se manifestar em um processo de controle de constitucionalidade para apresentar novos argumentos ou pontos de vista distintos daqueles originalmente apresentados pelas partes diretamente envolvidas na petição. Por fim, o Procurador-Geral da República manifestou-se, na ADPF 378, contra a possibilidade de votação secreta e de escolha dos membros da comissão através da eleição por chapa avulsa.

Além das manifestações dentro dos autos, chamou atenção a participação de alguns ministros na imprensa. Através de declarações públicas, seja em entrevistas ou em eventos acadêmicos, vários ministros pareciam já sinalizar qual seria a tônica de seus votos.

O julgamento da ação pelo plenário se iniciou no dia 16 de dezembro de 2015, e os ministros, ao enfrentarem as questões colocadas na ação, procuraram definir de forma mais ampla o rito que o processo de *impeachment* deveria seguir, incluindo questões que não haviam sido diretamente questionadas na petição inicial. O julgamento terminou no dia seguinte, em 17 de dezembro de 2015, e o Tribunal definiu vários pontos importantes, como os papéis da Câmara e do Senado no processo, a impossibilidade de apresentação de chapas avulsas, e a imposição de votação aberta. O voto que guiou a decisão foi proferido pelo Ministro Roberto Barroso, que argumentou diversas vezes que estava seguindo o procedimento estabelecido para o caso Collor.

Na prática, a decisão do STF representou a anulação do processo de *impeachment* até ali, e definiu um rito que não era apenas a réplica do que havia sido adotado no caso Collor. A decisão foi proferida na última semana antes do início do recesso forense e do fim da sessão legislativa da Câmara dos Deputados. Na prática, isso fez com que as discussões sobre o *impeachment*, tanto no Congresso, quanto no Supremo, fossem paralisadas até o próximo ano. Naquele momento, o futuro do processo de *impeachment* e o do governo Dilma eram incertos.

11

O IMPEACHMENT FOI SUSPENSO?

Thomaz Pereira[1]

O que significam, na prática, as liminares dos ministros Teori Zavascki[2] e Rosa Weber[3] sobre o procedimento para análise de pedidos de *impeachment*? A petição inicial[4] requeria liminar para que o Presidente da Câmara "se abstenha de receber, analisar ou decidir qualquer denúncia ou recurso contra indeferimento de denúncia de crime de responsabilidade contra a Presidente da República". Zavascki e Weber julgaram procedente o pedido. Mas o que isso quer dizer?

Para Weber, "Está muito claro [decisão]. Ele [Cunha] que leia e interprete".[5] As liminares, porém, não deixam claro se este pedido foi realmente deferido em sua totalidade. Isso ocorre porque as decisões dos ministros Zavascki e Weber são minimalistas. Discutem apenas o estritamente necessário: o cabimento do Mandado de Segurança, a relevância de seus fundamentos legais e a urgência de intervenção do Supremo neste momento. Com isso, deixaram em aberto ao menos duas questões importantes, e muito diferentes, que a petição inicial levantou sobre a análise de pedidos de *impeachment*.

Em primeiro lugar, os impetrantes questionam o fato de Cunha não ter recebido seu recurso quanto ao decidido na Questão de Ordem n. 105, impedindo que o plenário considerasse suspender os efeitos de tal decisão – o que requereria o apoio de apenas um terço dos congressistas presentes.

Em segundo lugar, os impetrantes alegam que "a definição de normas de processo e julgamento de crimes de responsabilidade sejam disciplinadas em lei especial", o que poderia significar que mesmo norma

---

1   Artigo publicado no JOTA em 13 de outubro de 2015.
2   JOTA. *Leia a íntegra da decisão do ministro Teori Zavascki sobre impeachment*. Disponível em: <https://goo.gl/eMCwfi>. Acesso em: 27 jun. 2017.
3   JOTA. *Leia a íntegra da decisão da ministra Rosa Weber sobre pedidos de impeachment*. Disponível em: <https://goo.gl/ou1ekh>. Acesso em: 27 jun. 2017.
4   JOTA. *Urgente – Medida Liminar*. Disponível em: <https://goo.gl/N228qg>. Acesso em: 27 jun. 2017.
5   LADEIRA, Pedro. *STF tem terceira decisão que reforça barreira a rito de impeachment*. Publicado em *Estado de São Paulo* em 10 jun. 2015. Disponível em: <https://goo.gl/LR5Mpa>. Acesso em: 27 jun. 2017.

regimental sobre a questão não é suficiente para guiar a sua condução. Por trás dessas tecnicalidades, há questões constitucionais com implicações políticas decisivas.

No primeiro caso, o que está em jogo é um conflito entre o Presidente da Câmara e o seu regimento interno, que permitiria que deputados suspendessem a sua decisão individual. Se essa norma for aplicada, caberia em última instância à maioria do plenário – e não a Eduardo Cunha – o poder de esclarecer como transcorreria o processamento de um pedido de *impeachment*.

No segundo caso, o que está em jogo é um conflito entre o próprio regimento interno da Câmara e a exigência constitucional de lei especial para regular o processo de *impeachment*. Ao regular os poderes do Presidente da Câmara para processar os pedidos, por exemplo, teria o regimento extrapolado as suas competências?

Esses dois problemas representam fundamentações independentes para as decisões liminares. Dependendo da resposta que se dê a cada uma dessas questões, teremos cenários muito diferentes quanto à extensão das decisões de Weber e Zavascki.

No primeiro caso, o problema seria a violação do direito subjetivo de deputados de terem seus recursos processados conforme o regimento da casa. A suspensão liminar poderia então ser entendida como a garantia, por via judicial, daquilo que poderia ter sido alcançado por um terço dos deputados presentes, caso essa oportunidade não tivesse sido impedida pela decisão de Cunha.

Nesse caso, poderia se alegar que, enquanto a liminar suspende o processamento do *impeachment*, caso o recurso impetrado pelos deputados seja levado a plenário e recusado, o MS perderia o seu objeto. Afinal, se os impetrantes alegam ter sido privados do direito de obter efeito suspensivo de seu recurso enquanto este não era decidido, indeferido o recurso, a lesão da ausência de efeito suspensivo deixaria de existir. Esse é um conflito intra-congressual, do Presidente da Câmara contra o seu regimento e parte dos deputados. O Supremo entra como árbitro de um conflito interno, ainda que politicamente importante.

Mas se o problema for a violação da reserva legal prevista no art. 85, parágrafo único, da Constituição – e confirmada na Súmula Vinculante n° 46 do Supremo – o problema seria outro: a própria competência do regimento interno da Câmara dos Deputados para regular o processamento do *impeachment*.

O problema é que nem a Constituição, nem a Lei n° 1.079 de 1950 estabelecem o poder do Presidente da Câmara de receber denúncias de crime de responsabilidade contra o Presidente da República, nem a possibilidade de um recurso ao plenário diante de um eventual indeferimento. O que estabelece esse poder é o Regimento Interno (nos §§ 1° e 2° do art. 218). Nessa linha de fundamentação, temos um potencial conflito entre o Congresso e a Constituição, cuja solução independe do que pensam os seus deputados. O Supremo atua como garantidor da separação de poderes em um sentido mais amplo, limitando o poder do Congresso de regular o que acontece em suas casas.

Essas questões só serão completamente esclarecidas quando o Supremo decidir o mérito dessas ações. Zavascki e Weber optaram em larga medida por não decidir esses problemas. Deixaram, porém, algumas pistas – no mínimo, indicam que as duas fundamentações são possíveis. Definir a extensão das liminares já será, em boa medida, reunir essas pistas e transformá-las em implicações mais claras sobre o processo político do *impeachment*.

Caso se entenda que o que o Mandado de Segurança perderia o objeto com o indeferimento dos recursos, seria possível acelerar o seu julgamento para que o plenário da Câmara esclarecesse seu entendimento sobre o procedimento do *impeachment*.

Caso se entenda que o que ficou suspenso foi apenas o que foi decidido na Questão de Ordem e procedimentos que lhe deem execução, nada impediria que procedimentos que não se baseiem nela, mas apenas na Constituição, na Lei 1.079/1950, e no Regimento Interno da Câmara dos Deputados possam ter prosseguimento. Assim, restaria a possibilidade de recebimento da denúncia pelo Presidente da Câmara – e mesmo eventual recurso no caso de indeferimento.

Caso se entenda que, conforme a própria inicial, foi deferido o pedido para que o Presidente da Câmara "se abstenha de receber, analisar ou decidir qualquer denúncia ou recurso contra indeferimento de denúncia de crime de responsabilidade contra a Presidente da República", o próprio *impeachment* está suspenso até que o mérito desses processos seja julgado. Entre o tempo necessário para que a Presidência da Câmara, a AGU e a PGR se manifestem e o mérito seja julgado, é possível que um mês ou mais se passem. Tempo mais do que suficiente para que o contexto político e os atores que atualmente guiam o processo de *impeachment* tenham se alterado significativamente.

Qual dessas três possibilidades prevalecerá é algo que, apesar da clareza que a ministra Weber vê nas decisões, não cabe apenas a Cunha ler e interpretar, mas a todos nós. Mesmo que ao final, inevitavelmente, o Supremo é quem tenha que dizer quem foi que "acertou". Mesmo com a cautelosa não-decisão dos ministros, porém, uma coisa está clara: o Supremo entrou no jogo de vez. Afirmou sua função de garantir a regularidade do processo de *impeachment*. E, com isso, querendo ou não, influenciar também o seu resultado.

12

IMPEACHMENT: SUPREMO DE DILMA NÃO É O MESMO SUPREMO DE COLLOR

Ivar A. Hartmann[1]

Uma das poucas certezas em Brasília nesse momento é que, de maneira ou de outra, o Supremo será provocado a se manifestar sobre o *impeachment*.[2] O mesmo tribunal já havia feito isso em 1992, mas seria de fato o Supremo de hoje – no qual dois ministros bateram boca em sessão de julgamento[3] no dia da decisão de Eduardo Cunha – o mesmo Supremo de vinte anos atrás?

O Supremo do *impeachment* de Collor era ilustre desconhecido da opinião pública. Avesso à mídia, quase invisível para o brasileiro médio. Enfrentar a questão colocou os ministros em uma situação nova,[4] fora de sua zona de conforto. Disse o então ministro Carlos Velloso ao projeto História Oral do STF,[5] da FGV Direito Rio: "Foi muito marcante, para mim, professor de Direito Constitucional. De repente, me vejo no centro da questão, quer dizer, integrando o tribunal que estava no centro da questão, arbitrando a questão constitucional [...]". Néri da Silveira explica que "[...] julgar o presidente Collor foi julgamento de uma autoridade. Não é que tenha sido mais difícil ou menos difícil; é um julgamento que atraiu mais atenção da opinião pública, como este do mensalão".

O Supremo do *impeachment* de Dilma é quase um "queridinho" da opinião pública. Aparece todos os dias na mídia. A maioria dos ministros de hoje é calejada pelo julgamento do mensalão. Estar no centro da ques-

---

1   Artigo publicado no JOTA em 3 de dezembro de 2015.
2   FALCÃO, Joaquim. *Medo levou Eduardo Cunha a iniciar impeachment contra Dilma Rousseff*. Publicado em JOTA em 03 dez. 2015. Disponível em: <https://goo.gl/aDHiUS>. Acesso em: 27 jun. 2017.
3   RECONDO, Felipe. *Discussão entre Gilmar Mendes e Lewandowski revela divergências sobre CNJ*. Publicado em JOTA em 02 dez. 2015. Disponível em: <https://goo.gl/DBFdmL>. Acesso em: 27 jun. 2017.
4   CANTISANO, Pedro. *Impeachment no STF – O olhar dos ministros sobre o caso Collor*. Publicado em JOTA em 03 dez. 2015. Disponível em: <https://goo.gl/uqzhRQ>. Acesso em: 27 jun. 2017.
5   HISTÓRIA ORAL DO SUPREMO. *Sobre o projeto*. Disponível em: <https://goo.gl/Pmzhpb>. Acesso em: 27 jun. 2017.

tão é corriqueiro. Não inibe mais. Antes os ministros preferiam a cautela, hoje expressam sua opinião sobre o caso de maneira sintomaticamente franca e direta.[6] Alguns ao ponto de adiantar seu voto à imprensa.[7]

Naquele Supremo, os ministros preferiam ter suas decisões individuais logo respaldadas pelo plenário. Em 1989, o ministro Aldir Passarinho foi obrigado a decidir liminar sobre os poderes do presidente da Câmara dos Deputados diante de pedido de *impeachment* de senadores contra José Sarney. Vinte dias depois, o plenário do Supremo analisou o caso. Em contraste, em 13 de outubro, os ministros Teori Zavascki e Rosa Weber concederam liminares sobre o mesmo assunto.[8] Cinquenta e um dias depois, os processos não foram levados ao pleno. Estão já há um mês conclusos a Zavascki e Rosa. Um mês no qual o Brasil não fala de outra coisa.

A individualidade impera no atual Supremo. Os ministros decidem individualmente o destino de nove em cada dez das ações no controle concentrado de constitucionalidade.[9] Talvez por isso o PT tenha desistido de um dos novos mandados de segurança quando esse foi distribuído para o ministro Gilmar Mendes.[10] Muitas vezes, saber quem é o relator é conhecer a duração e o resultado da ação.

Para alguns, essa individualidade mostra frieza. Os ministros de hoje são mais seguros de si. Talvez estimule o isolamento. Para outros, sugere excesso de confiança. Deixar que sua decisão individual dite procedimento para pedido de *impeachment* deveria suscitar um mínimo de desconforto. O desconforto e cautela que os ministros demonstravam em

---

6   RECONDO, Felipe. *"Ninguém se mantém no cargo por liminar do Supremo", diz Gilmar Mendes*. Publicado em JOTA em 15 out. 2015. Disponível em: <https://goo.gl/t6oDxg>. Acesso em: 10 ago. 2017.

7   UOL. *Cunha não tem poder para dar andamento à ação de impeachment, diz ministro do STF*. Publicado em 21 dez. 2015. Disponível em: <https://goo.gl/gffKhi>. Acesso em: 27 jun. 2017.

8   PEREIRA, Thomaz. *O impeachment foi suspenso?* Publicado em JOTA em 13 out. 2015. Disponível em: <https://goo.gl/8Hve95>. Acesso em: 27 jun. 2017.

9   ARGUELHES, Diego W.; HARTMANN, Ivar A. *A monocratização do STF*. Publicado em JOTA em 03 ago. 2015. Disponível em: <https://goo.gl/p7kAX9>. Acesso em: 27 jun. 2017.

10 RECONDO, Felipe. *PT aciona STF contra impeachment, mas desiste quando Gilmar Mendes assume o caso*. Publicado em JOTA em 9 dez. 2015. Disponível em: <https://goo.gl/Nvbn6X>. Acesso em: 27 jun. 2017.

1992 não vinham de falta de conhecimento técnico. Um deles, Paulo Brossard, era inclusive autor de uma obra intitulada O *impeachment*.

A diferença é que os ministros de hoje não têm qualquer receio de seu protagonismo no *impeachment*. Não têm pudor em falar à imprensa, reservas em relação a bate-boca ao vivo na TV Justiça, desconforto em decidir monocraticamente, medo de ousar e ser voto vencido perante seus colegas. Dados do Supremo em Números,[11] da FGV Direito Rio, mostram que os ministros daquela época votavam vencido, na média, em 1% ou menos das decisões. Os de hoje votam vencido numa porcentagem 3 ou 4 vezes maior.

O Supremo de 1992 foi um convidado resignado ao *impeachment* de Collor. Os ministros do Supremo de hoje chegam prontos e impávidos para o *impeachment* de Dilma. Difícil saber qual dos dois comportamentos é melhor para o Brasil.

---

11 SUPREMO EM NÚMEROS. Disponível em: <http://www.fgv.br/supremoemnumeros/>. Acesso em: 27 jun. 2017.

13

O PROCESSO DE *IMPEACHMENT* SERÁ ABERTO OU SECRETO?

Ivar A. Hartmann[1]

Na eleição dos membros da comissão do processo de *impeachment*, Eduardo Cunha implementou o voto secreto mesmo sem base explícita no regimento, na lei ou na Constituição. Não foi sua primeira peripécia regimental nos últimos meses. Dessa vez, porém, o Supremo, que havia negado tantas liminares sobre o *impeachment*, não deixou de intervir.

O ministro Edson Fachin concedeu liminar,[2] poucas horas depois, suspendeu o processo do *impeachment*. Isso até decisão do plenário do tribunal que venha a pacificar a incerteza jurídica que tem rondado a questão até agora. O gatilho da liminar de Fachin foi justamente o uso do voto secreto por Cunha. Essa prática tende a se repetir cada vez menos no Congresso brasileiro, por três razões.

Primeiro, o voto secreto de parlamentar, em qualquer hipótese, é excepcional, pois é incompatível com o direito fundamental ao voto pelos eleitores brasileiros. Há diversas pré-condições para o exercício desse direito. Ele fica esvaziado sem uma imprensa livre. É igualmente inútil se não há acesso a informações sobre a atuação dos agentes públicos. Voto no escuro não é voto, é cara ou coroa. Acima de tudo, o voto pressupõe a possibilidade de saber o que fizeram as pessoas eleitas.

Representar é diferente de escolher em interesse próprio. Voto secreto de parlamentar é incompatível com um sistema representativo que proteja o direito do cidadão ao seu voto individual. Esconder uma decisão de um representante eleito é tão grave quanto barrar o acesso do eleitor à urna. Ao menos no segundo caso a violação é transparente. No voto secreto, nem isso.

Nossa Constituição prevê uma lista pequena de casos de voto secreto. São restrições frontais um direito fundamental e, portanto, essa lista não deve ser ampliada. Nem por emenda constitucional. E certamente não por alteração do regimento interno das casas do Congresso. Mas essas restrições podem ser eliminadas.

---

1   Artigo publicado no JOTA em 09 de dezembro de 2015.
2   JOTA. *Edson Fachin suspende processo de impeachment contra Dilma Rousseff*. Publicado em JOTA em 08 dez. 2015. Disponível em: <https://goo.gl/32wwVY>. Acesso em: 27 jun. 2017.

Aí entra a segunda razão da gradual abolição do voto secreto. Mais do que antes, os eleitores brasileiros hoje compreendem a gravidade do voto secreto dos parlamentares. E esses perceberam isso. Abrir o voto no *impeachment* de Collor foi, na época, um fato isolado. Agora, porém, vemos um processo gradual e constante de mudança rumo à transparência. Ela começou com os casos nos quais o voto secreto é mais grave: a decisão sobre o destino de um colega. O então deputado Natan Donadon foi absolvido pelo voto secreto. A opinião pública não tolerou. Emendou-se a Constituição e, aberto o voto, Donadon foi cassado. Há poucos dias o Senado realizou voto aberto para manter a prisão de Delcídio do Amaral.[3] Mesmo havendo previsão no regimento para o voto secreto nesse caso.

Os parlamentares estão vendo que, atualmente, tirar hipótese de voto secreto da cartola é remar contra a maré. A manobra de Cunha para aprovar a comissão do *impeachment* tem um custo político. As redes sociais e a imprensa mostram que a opinião pública não perdoa. Talvez Cunha não esteja preocupado com o futuro, mas é difícil que isso seja verdade para todos os que o apoiaram nessa manobra. A despeito disso, é possível que se repita a prática?

A terceira razão da limitação crescente do voto secreto é a intervenção bem-vinda do Supremo para proteger os eleitores brasileiros. A pressão da opinião pública não precisa ser suficiente. Quando se trata de disposições inconstitucionais no regimento interno da Câmara ou Senado, a Ministra Rosa Weber já indicou que o tribunal não irá calar.[4]

O ministro Barroso pareceu ser mais comedido, mas endossa a mesma tese:[5] o regimento interno – e, por consequência, o presidente da Câmara dos Deputados – é limitado pela Constituição. A decisão do ministro Fachin de suspender o processo de *impeachment* vem na esteira de outra, há duas semanas, que tinha o voto secreto como questão central.[6]

---

3 HARTMANN, Ivar A. *Não se prende um senador do dia para a noite*. Publicado em JOTA em 26 nov. 2016. Disponível em: <https://goo.gl/LxeqdP>. Acesso em: 27 jun. 2017.

4 PEREIRA, Thomaz. *O impeachment foi suspenso?* Publicado em JOTA em 13 out. 2015. Disponível em: <https:// goo.gl/8Hve95>. Acesso em: 27 jun. 2017.

5 JOTA. *Barroso nega pedido de Cunha para mudança de relator de sua cassação no Conselho de Ética*. Disponível em: <https://goo.gl/N62D98>. Acesso em: 27 jun. 2017.

6 RECONDO, Felipe. *Fachin decide que votação no Senado sobre prisão de Delcídio deve ser aberta*. Publicado em JOTA em 25 nov. 2015. Disponível em: <https://goo.gl/taQvCZ>. Acesso em: 27 jun. 2017.

Em liminar que acabou sendo entregue tarde no Senado, Fachin afirmou que a Constituição não previa e, logo, excluía, a possibilidade de voto secreto para avaliar a manutenção da prisão de Delcídio Amaral.

Renan Calheiros, presidente do Senado, não quis reconhecer a decisão de Fachin. Naquela tarde, o fator decisivo foi a opinião pública. É provável que nos próximos dias a decisão do plenário do Supremo seja igualmente decisiva. Mas pouco importa qual dos três fatores é mais latente em cada episódio específico. O fato é que o voto secreto de parlamentar é uma espécie em extinção no Brasil. Cunha aprendeu isso ontem.

14

O SUPREMO PROVISÓRIO

Joaquim Falcão[1]

A batalha do impedimento chegou ao Supremo por diversas portas, por iniciativas de diversas partes, a diversos ministros.

Barroso foi provocado a decidir quem seria o relator do processo de Cunha no Conselho de Ética. Gilmar Mendes recebeu ação do PT contra o impedimento. Celso de Mello rejeitou ação do PCdoB na mesma direção. Teori Zavascki e Rosa Weber já decidiram sobre procedimentos que Cunha havia desenhado também.

Tão importante quanto a decisão de Fachin suspendendo o processo é enfrentar este problema: decisões quase diárias dos ministros do Supremo? Decisão de ministro sozinho pode ser revista pela turma ou pelo plenário. Tudo pode mudar, inclusive nada. Ministro sozinho não é Supremo.

No caso, por exemplo, do projeto de lei que estabelecia restrições para criação e funcionamento de novos partidos políticos, Gilmar concedeu liminar para declará-lo inconstitucional. Em seguida, o plenário derrubou sua liminar.

É preciso, pois, distinguir o Supremo, como colegiado que detém palavra final, dos que têm palavra provisória: seus ministros e turmas. É verdade que os ministros estão fazendo o possível. Decidindo com inédita rapidez, mas eles estão sendo vítimas de si mesmos, da rotina de decidirem sozinhos. Segundo dados do Supremo em Números, da FGV Direito Rio, 97,7% das decisões do Supremo são monocráticas – tomadas por um só ministro. Pouco menos de 2% são tomadas pelas turmas. E apenas 0,27% pelo plenário.

Esta rotina tem duas consequências perversas. Por um lado, cria-se círculo vicioso. Estimula-se mais cidadãos, políticos e partidos a irem mais e mais ao Supremo – se não para ganhar o caso, ao menos para ganhar tempo. Cada novo processo pode sempre cair com um ministro mais favorável, que pode dar liminar que beneficie um grupo político ou outro. Por outro, estimula-se o individualismo. O Supremo tem que encontrar uma maneira de ser menos provisório, do contrário, acresce-se à atual paralisia econômica e ao caos político, a insegurança jurídica de um Supremo individualista.

---

1   Artigo publicado no *O Globo* em 10 de dezembro de 2015.

Fachin propõe que o plenário discuta todo o rito do impedimento na próxima sessão do plenário. De uma vez só. Os demais ministros aceitarão? Algum deles paralisará o processo com um pedido de vista? A competência para criar essas regras, no entanto, é, a princípio, do Congresso. Pode diminuir a provisoriedade atual, mas dificilmente vai acabar com ela.

15

JULGAMENTO DO STF SOBRE *IMPEACHMENT* JÁ COMEÇOU: NA IMPRENSA, NÃO NO PLENÁRIO

Diego Werneck Arguelhes[1]

A sessão do Supremo sobre o procedimento do *impeachment* já começou. Não no Plenário, mas nas páginas dos jornais. O ministro Fachin ainda não apresentou, aos colegas, suas propostas para uma discussão ampla do rito do *impeachment*, mas já anunciou sua intenção na imprensa.[2] E há ao menos duas semanas ministros já apresentam publicamente visões sobre o grau de interferência do Supremo no procedimento do *impeachment*.

Gilmar Mendes, por exemplo, recomendou intervenção mínima, para evitar que o Supremo se torne uma "casa de suplicação geral".[3] "Não considero em princípio tarefa do STF editar normas sobre *impeachment*",[4] disse o ministro. Por sua vez, em palestra nos EUA, Barroso havia observado que o Supremo "não irá interferir, a menos que algo muito ruim ocorra".[5]

Nessas e outras declarações fragmentadas, a sociedade e os políticos procuram presságios da futura posição colegiada do tribunal. Mas, como observou recentemente Joaquim Falcão, ministro sozinho não é Supremo.[6] Supremo é o tribunal, que tem em suas mãos o destino do procedimento de *impeachment*.

---

1 Artigo publicado no JOTA em 11 de dezembro de 2015.

2 RECONDO, Felipe. *Após paralisar processo no Congresso, Fachin vai propor rito para impeachment*. Publicado em JOTA em 09 dez. 2016. Disponível em: <https://goo.gl/2Qzh6R>. Acesso em: 27 jun. 2017.

3 BULLA, Beatriz. *"Impeachment é tema político e tem de ser encaminhado no Congresso", diz Gilmar Mendes*. Publicado em Estado de São Paulo em 10 dez. 2015. Disponível em: <https://goo.gl/Uyqq2w>. Acesso em: 27 jun. 2017.

4 FALCÃO, Márcio. *STF não tem que editar normas de impeachment, diz Gilmar Mendes*. Publicado em Folha de S.Paulo em 10 dez. 2015. Disponível em: <https://goo.gl/NG7Xcz>. Acesso em: 27 jun. 2017.

5 SELIGMAN, Felipe. *Barroso: STF só vai interferir no processo de impeachment por algo "muito ruim"*. Publicado em JOTA em 04 dez. 2015. Disponível em: <https://goo.gl/B56quC>. Acesso em: 27 jun. 2017.

6 FALCÃO, Joaquim. *O Supremo provisório*. Publicado em O Globo em 10 dez. 2015. Disponível em: <https://goo.gl/RPrkme>. Acesso em: 28 ago. 2017.

Se é assim, por que, em vez de trocarem declarações pela imprensa, as partes desse tribunal não conversam entre si – antes da sessão de quarta que vem? Na prática cotidiana do Supremo, em contraste com o que acontece em países como EUA e Alemanha, não há reuniões prévias fechadas entre os ministros para discutir decisões. Ministros como Peluso[7] e, na composição atual, Barroso[8] já apontaram os efeitos da falta desse tipo de reunião no processo decisório cotidiano do tribunal. Mas, em alguns poucos casos decisivos para o país, há uma tradição paralela. E melhor, em momentos críticos da nossa vida institucional, o tribunal fez reuniões prévias para discussão livre e reservada entre os ministros.

Como revelou Aldir Passarinho em sua entrevista ao projeto História Oral do Supremo, da FGV Direito Rio,[9] os ministros se reuniram de madrugada na véspera da divulgação da morte de Tancredo Neves. Precisavam dar uma resposta sólida à questão da sucessão: o presidente seria Ulysses Guimarães ou José Sarney?

Sydney Sanches, por sua vez, menciona a sessão administrativa fechada que fizeram para discutir o procedimento do *impeachment* de Fernando Collor.[10] Sanches presidiria o julgamento no Senado. Precisava ter certeza de que seguiria um procedimento com apoio inequívoco de seus colegas.

Se, por um lado, os ministros não se reúnem nos casos de sempre, por outro quase sempre souberam a hora de se reunir em casos extremos. Precisamos recuperar essa tradição virtuosa. Como recentemente fizeram, aliás, os ministros reunidos a pedido de Teori Zavascki para discutir a prisão do senador Delcídio Amaral.[11]

---

7   FONTAINHA, F. de C.; SILVA, A. M. D., ALMEIDA, F. F. (Orgs.). *História Oral do Supremo [1988-2013]*. Disponível em: <https://goo.gl/HdAVaY>. Acesso em: 27 jun. 2017.

8   SELIGMAN, Felipe. *Barroso: STF só vai interferir no processo de impeachment por algo "muito ruim"*. Publicado em JOTA em 4 dez. 2015. Disponível em: <https://goo.gl/B56quC>. Acesso em: 27 jun. 2017

9   Todas as entrevistas do projeto *História Oral do Supremo* estão disponíveis no *site* História Oral do Supremo. Disponível em: <http://historiaoraldosupremo.fgv.br/>. Acesso em: 10 ago. 2017.

10 FONTAINHA, F. de C.; SILVA, A. M. D., ALMEIDA, F. F. (Orgs.). *História Oral do Supremo [1988-2013]*. Disponível em: <https://goo.gl/HdAVaY>. Acesso em: 27 jun. 2017.

11 RECONDO, Felipe. *Os bastidores do STF e a prisão de Delcídio do Amaral*. Publicado em JOTA em 28 nov. 2015. Disponível em:<https://goo.gl/KC8Yox>. Acesso em: 27 jun. 2017.

Há conhecidas resistências, dentro do próprio tribunal, a esse tipo de reuniões como ferramenta decisória. Em especial, o ministro Marco Aurélio já afirmou que "não estamos em um teatro pra acertarmos previamente decisões, e depois colocarmos a capa para proclamar a decisão".[12] Entretanto, não se trata aqui de esvaziar a sessão do plenário, forçando um consenso prévio no mérito. A conversa reservada não precisa servir para firmar posições, mas é fundamental para explicitá-las, de forma clara e direta, entre os próprios ministros, antes das câmeras da TV Justiça. No mínimo, o tribunal precisa conversar para que os ministros não surpreendam uns aos outros.

Isso é especialmente importante no caso de questões procedimentais. Por exemplo, o ministro Mendes já afirmou que um pedido de vista nesse caso, se ocorresse, seria "absolutamente normal, regimental". Será que seus colegas[13] concordam?

No caso do Mensalão, os ministros acabaram resolvendo diversas questões procedimentais ao vivo, na sessão, diante das câmeras. Os primeiros meses foram marcados por conflitos públicos, sobre procedimento, envolvendo o presidente Ayres Britto, o relator Joaquim Barbosa e o revisor Lewandowski. Houve sessões administrativas,[14] mas elas se revelaram insuficientes[15] para formar alguns consensos mínimos prévios sobre o procedimento. Como resultado, as inúmeras brigas entre ministros – mutuamente – surpreendidos expuseram desnecessariamente o tribunal e atrasaram as decisões.[16]

---

12 COSTA, Sylvio; SARDINHA, Edson. *Marco Aurélio critica "troca de votos" no STF*. Publicado em Congresso em Foco em 14 abr. 2014. Disponível em: <https://goo.gl/zxHjK9>. Acesso em: 27 jun. 2017.

13 RECONDO, Felipe. *As controvérsias dos ministros do STF sobre o impeachment*. Publicado em JOTA em 10 dez. 2015. Disponível em: <https://goo.gl/cJzStf>. Acesso em: 27 jun. 2017.

14 MAGRO, Maíra. *Joaquim Barbosa propõe que STF faça sessão extra para julgar mensalão*. Publicado em *Valor Econômico* em 22 maio 2012. Disponível em: <https://goo.gl/Vn7Ym4>. Acesso em: 27 jun. 2017.

15 ASSUNÇÃO, Marília. *Governo goiano alega que não podia negar pedido para Loures colocar tornozeleira*. Publicado em *Estado de São Paulo* em 05 jul.2017. Disponível em: <https://goo.gl/62v9mV>. Acesso em: 27 jun. 2017.

16 COELHO, Mario. *Divisão no STF põe em risco julgamento do mensalão*. Publicado em Congresso em Foco em 17 ago. 2012. Disponível em: <https://goo.gl/JY69Jb>. Acesso em: 27 jun. 2017.

Este caso é muito mais grave, do ponto de vista institucional, do que o julgamento do Mensalão. A discussão do papel do Supremo no *impeachment* não pode ser espaço de estratégias individuais, surpresas televisivas ou filigranas regimentais. Mais do que nunca, precisamos do todo: o Supremo. A sessão já começou na imprensa, mas ainda há tempo para que os ministros se encontrem, se reconheçam e se consolidem, longe da TV Justiça, como partes desse mesmo todo.

16

SUPREMO NÃO PODE MAIS NÃO DECIDIR

Diego Werneck Arguelhes[1]

As operações policiais de busca e apreensão na casa de políticos são resultado de um longo processo institucional. Tudo começou com investigações da Polícia Federal, com o filtro e o apoio do Ministério Público. Foram autorizadas pelo Ministro Teori Zavascki por conta do envolvimento de parlamentares na operação. São medidas graves, que não ocorreriam se não houvesse indícios de corrupção, encontrados em sucessivas e sintonizadas interações entre policiais, procuradores e ministros. São também indicadores importantes do clima dentro do Supremo às vésperas da decisão sobre como deve ser o rito do *impeachment*.

As operações de ontem são efeito, ou reflexo, da atitude dos Ministros sobre a situação no Congresso. Certamente discordarão uns dos outros em vários aspectos. Mas, discordâncias de mérito à parte, por muito tempo estiveram unidos em uma atitude de prudência – uma postura de silêncio e espera pelo desenrolar dos fatos. Há meses, por exemplo, o Supremo tem, em princípio, o poder de afastar cautelarmente Eduardo Cunha da presidência da Câmara. Assim como o procurador-geral Janot sempre teve o poder de pedir essa providência ao Supremo. Por prudência ou autocontenção, o procurador não pediu, e o tribunal permaneceu em silêncio.

Há, no entanto, claros sinais de mudança no ar. As operações ligadas à Lava Jato envolvendo parlamentares foram todas autorizadas pelo Ministro Teori Zavascki e, até o momento, confirmadas pela 2ª Turma do tribunal. A prisão do senador Delcídio do Amaral, fruto de reunião extraordinária de ministros que se mostraram inteiramente alinhados, mostra que alguns limites já foram definitivamente cruzados. Os ministros parecem estar minimamente unidos na disposição de enfrentar as questões difíceis geradas pela conturbada cena política brasileira.

Essa nova atitude será decisiva para a Lava Jato e para o destino de Eduardo Cunha. A decisão sobre o rito do *impeachment* de hoje, qualquer que seja o seu resultado, precisa também ser lida nesse contexto. Qualquer que seja a decisão quanto ao rito, dificilmente haverá apoio, dentro do tribunal, para uma política de silêncio judicial. Para obstrucionismos regimentais, como um pedido de vista que deixe o *impeachment* suspenso no ar. Não há mais tempo para uma não-decisão.

---

1   Artigo publicado no O *Globo* em 16 de dezembro de 2015.

17

FACHIN TEM RAZÃO: É PRECISO MUDAR O RITO DO CASO COLLOR

Diego Werneck Arguelhes | Thomaz Pereira[1]

Se o voto do ministro Edson Fachin prevalecer na sessão de hoje do Supremo, o procedimento de *impeachment* da presidente Dilma Rousseff será diferente do de Collor: se autorizado o processo pelo voto de pelo menos dois terços dos deputados, ela seria necessariamente afastada do cargo tão logo o Senado comece o julgamento – e o Senado *teria* que começar o julgamento.

Não foi isso o que ocorreu em 1992. No procedimento adotado pelo Senado no caso Collor, mesmo após a decisão de pelo menos dois terços dos deputados, o presidente só seria afastado do cargo após uma comissão especial de senadores *decidir* receber a denúncia vinda da Câmara. Essa é a tese da ADPF em exame no Supremo, e que Fachin indeferiu: mesmo que a Câmara autorizasse o processo, o Senado ainda poderia se recusar a julgar a questão no mérito.

Esta é a questão decisiva no Supremo hoje. Suas implicações políticas e institucionais são muitas. Para um deputado, votar contra a presidente com a certeza de que em seguida ela seria afastada é muito diferente do que fazê-lo sabendo que ela poderá, ainda com poderes de presidente, tentar evitar o recebimento pelo Senado. Para um senador, decidir votar contra a presidente em exercício é muito diferente do que fazê-lo contra uma presidente afastada.

E é exatamente para marcar essa diferença que existe a regra constitucional do afastamento. Não se pode afastar um presidente levianamente, mas também é arriscado deixar o país sob o governo de alguém que possa ter cometido crimes de responsabilidade, por dois motivos. Primeiro, pelo impacto, na condução das coisas públicas, de se ter um presidente cuja principal preocupação é se defender. Segundo, pelo que significa para o *impeachment* em si o acusado ter em suas mãos as rédeas do poderoso executivo federal. Para enfrentar esse risco duplo sem criar um novo risco de instabilidade institucional, o presidente é afastado durante seu julgamento – mas apenas após ampla oportunidade de defesa e uma custosa decisão de dois terços dos deputados.

---

1 Artigo publicado no JOTA em 17 de dezembro de 2015.

Nesse cenário, fica mais claro porque se afastar do rito adotado pelo Senado em 1992 é uma boa ideia. O Supremo é frequentemente criticado por não respeitar seus próprios precedentes. Nesse caso, porém, é preciso deixar o caso Collor para trás.

Segundo Fachin, "inexiste competência do Senado para rejeitar a autorização pela Câmara dos Deputados. Nem poderia. O comando constitucional é claro [...] não há faculdade da Mesa do Senado quando recebe a autorização: deve ela instaurar o procedimento". Mas esses argumentos textuais, embora importantes, não deveriam ofuscar um ponto fundamental: a solução defendida pelo governo na ADPF do PC do B é pior do ponto de vista institucional.

A posição alternativa trivializa a cautela constitucional do afastamento, ao mesmo tempo em que infantiliza a Câmara. Permite ao presidente converter apoio político no Senado – ou pressão sobre os senadores — em irresponsabilidade política, mesmo se dois terços dos deputados já tiverem visto ali traços de crimes de responsabilidade. Se este pedido da ADPF prevalecer, qual é afinal a importância da análise feita pelos deputados, incluindo respeito ao devido processo legal? E qual é a relevância prática da regra do afastamento?

Pela Constituição, o Senado tem o poder de absolver ou condenar. Mas não é possível lhe dar o poder de adiar, talvez para sempre, o momento em que o presidente não poderá mais usar seu cargo para influenciar o julgamento. Por essas razões, para além dos argumentos textuais, Fachin tem razão. Quando o Senado entrar em cena, para julgar, o presidente precisa sair.

18

PLENÁRIO DO STF PARECE CONCORDAR QUE NÃO HÁ GOLPE

Ivar A. Hartmann[1]

Apesar de Cunha, não é golpe. Antigamente protestos eram marcados para ocorrer em paralelo a decisões do Executivo ou a votações no Congresso. Na quarta-feira, as ruas queriam dialogar também com o Supremo, em plena sessão. A questão central desse diálogo é: o atual procedimento de *impeachment* é golpe? O julgamento não terminou, mas a resposta até agora é um frio e técnico "não".

O ministro Fachin apresentou fundamentos legais e constitucionais para validar todas as etapas do processo de *impeachment* até agora. Defesa prévia da presidente antes do parecer da comissão especial da Câmara não é exigida pela Constituição. Seleção dos membros dessa comissão por eleição de chapas é legítimo. Voto secreto para a eleição das chapas é permitido.

Quando há divergências latentes, os ministros costumam apontá-las já durante o voto do relator. Isso não aconteceu na quarta, enquanto Fachin lentamente apresentava suas posições. É difícil prever. Mas até agora, o plenário parece concordar que, mesmo existindo possíveis divergências pontuais, não há golpe.

Tecnicamente, merece reparo a fundamentação equivocada de Fachin para autorizar o voto secreto de escolha da comissão do *impeachment*. Assim como nos demais pontos, ele decidiu em detrimento da presidente que o nomeou. Uma possibilidade é que quer mostrar sua independência em relação à Dilma. Outra possibilidade é que quer mostrar independência do processamento do *impeachment* em relação à figura de Eduardo Cunha, que patrocinou o voto secreto. Ou seja: um voto secreto sozinho não contamina uma sucessão de etapas bem cumpridas.

A força do argumento de golpe decorre em grande parte do comportamento seguidamente questionável do presidente da Câmara. Na visão popular, se o pivô do *impeachment* é um vilão, então o processo naturalmente seria ilegítimo. Entretanto, as supostas vilanias de Cunha são um fator neutro na equação. O Supremo já concedeu mandado de busca e apreensão contra ele e já esperava o pedido de afastamento feito pela Procuradoria-Geral da República. Seria um desfecho muito útil para alguns, mas Cunha não conseguiu, até agora, contaminar o *impeachment*.

---

1 Artigo publicado no O *Globo* em 17 de dezembro de 2015.

Fachin lembrou que a posição sedimentada do Supremo é de que o *impeachment* é ato jurídico-político. E, na quarta, o Supremo confirmou que no político está sendo cumprido o que é jurídico. A despeito de Cunha.

19

O PASSADO E O FUTURO DO *IMPEACHMENT*

Thomaz Pereira[1]

A decisão do Supremo sobre procedimento do *impeachment* (ADPF 378) foi clara. No entanto, já são feitos questionamentos sobre as suas consequências imediatas e futuras. A comissão especial eleita pela Câmara estaria imediatamente invalidada? Sendo necessária nova eleição sem candidaturas avulsas e sem voto secreto, o que acontece se o plenário da Câmara não confirmar a indicação dos líderes?

Essa contraposição entre passado e futuro permeia todo o debate sobre o procedimento do *impeachment*: de um lado, o processo contra Fernando Collor em 1992, de outro, qual deveria ser a regra geral para o futuro. De um lado, os procedimentos já realizados pela Câmara – ausência de defesa prévia, decisões do deputado Eduardo Cunha e a eleição da comissão especial – de outro, no caso de uma eventual derrota da presidente Dilma Rousseff na Câmara, qual deverá ser o procedimento no Senado. E, finalmente, de um lado, o que já foi decidido nessa ADPF pelo Supremo, de outro, quais seus efeitos nas ações dos demais agentes políticos.

Segundo o que foi dito pelos ministros no julgamento, e depois confirmado em manifestação do ministro Barroso, não há dúvida de que a comissão especial está em desacordo com o que exige a Constituição e, portanto, é inevitavelmente inválida. Pode haver dúvidas se Cunha acatará a mensagem clara do Supremo sem discutir questões formais. Não há, porém, dúvida de que, caso a Câmara não se conforme com a decisão do Supremo espontaneamente, novos atos cometidos em desacordo com o julgamento da ADPF serão nulos – mesmo que seja necessário provocar o tribunal para reafirmar seu entendimento em casos específicos.

Ainda nesse embate entre passado e futuro, Cunha manifestou dúvida especificamente sobre qual deverá ser o procedimento no caso de, após indicados nomes para compor a comissão especial pelos líderes – como determinou o Supremo –, o plenário, em votação aberta – como determinou o Supremo –, rejeite a comissão.

---

1   Artigo publicado no JOTA em 18 de dezembro de 2015.

Quanto a isso, algumas coisas precisam ser esclarecidas. O fato de essa hipótese não ter sido discutida pelos ministros que rejeitaram candidaturas avulsas parece ser consequência natural da própria fundamentação dessa decisão. Candidaturas avulsas foram rejeitadas em nome de uma "democracia de partidos" – a mesma que justifica decisões sobre fidelidade partidária. Ou seja, deve ter sido impensável aos ministros que nomes indicados pelos líderes dos partidos, representantes democraticamente escolhidos por suas próprias bases, indiquem nomes que depois não sejam confirmados por seus companheiros no plenário.

Porém, Cunha pensou no impensável. Nisso, como em outras coisas, manifestações colegiadas e claras do Supremo são essenciais, porque trazem previsibilidade e evitam acusações futuras de casuísmo. No entanto, caso isso não tenha ficado perfeitamente claro na ata do julgamento e no futuro acórdão a ser publicado, as consequências de uma manobra como a imaginada por Cunha parecem evidentes: enquanto não aprovada pelo plenário, logicamente, não há comissão especial eleita.

Ou seja, caso os líderes indiquem nomes que não sejam aprovados pelo plenário há apenas duas possibilidades: ou os líderes insistem nos mesmos nomes, tentando conseguir maioria no plenário; ou, conversando com suas bases, algo muda. Ou muda-se nomes de indicados, ou muda-se nomes de líderes. Tal conflito poderia atrasar o prosseguimento do *impeachment*, mas, até certo ponto, faz parte do funcionamento normal do legislativo. O que não é normal é a existência de líderes que não liderem.

A quem esse embate beneficiaria? Nessa corrida, em que não se sabe se quem ganha é quem chega primeiro, isso não é sempre claro. Mas as cartas já estão na mesa. Nesse embate entre passado e futuro, fica a certeza de que contribuições do Supremo para garantir clareza e previsibilidade das regras do procedimento de *impeachment* beneficiam a democracia brasileira como um todo.

20
O IMPEACHMENT E A POLÊMICA DO VOTO SECRETO

Thomaz Pereira[1]

O Supremo Tribunal Federal invalidou a comissão que analisará o *impeachment* na Câmara por ter sido escolhida por voto secreto. O deputado Eduardo Cunha protestou e decidiu recorrer e, com isso, a polêmica permanece atual. O tema do voto aberto ou fechado é fundamental para o futuro da democracia brasileira. Vai além das eventuais posições dos ministros sobre o futuro da presidente Dilma. Uma coisa é uma coisa, outra coisa é outra coisa.

Saber como vota seu representante é um direito do eleitor. Sem transparência é impossível concluir se congressistas merecem o seu voto. É algo fundamental para todo cidadão, independentemente de preferências políticas. O voto secreto do eleitor permite que ele escolha seu representante livremente, já o voto aberto do congressista permite que ele seja monitorado pelo cidadão. Juntos, formam a base da democracia representativa.

A votação secreta é excepcional na Constituição, e a tendência é de diminuição. Em 2013, diante de intenso apoio popular – materializado nas 673.459 assinaturas em petição organizada pela Avaaz – a Constituição foi emendada para eliminar o voto secreto nas cassações de mandatos e na análise de vetos presidenciais. Resultados não tardaram a aparecer. O deputado Natan Donadon, condenado pelo Supremo, mas cuja cassação fora rejeitada em votação secreta anterior, foi cassado meses depois pela Câmara – agora em votação aberta.

Então, por que a divisão dos ministros do Supremo? A estreita maioria – 6 x 5 – no julgamento se deu por a Constituição abrir espaço para incertezas. O voto secreto é claramente permitido nos raros casos em que a Constituição o prevê expressamente. Mas há dúvidas sobre o que acontece quando ela não diz nada a seu respeito.

Nessas situações o Supremo prefere reservar a si mesmo o direito de decidir de uma maneira ou de outra, conforme o caso concreto. O problema é que, com isso, cada nova decisão é uma nova polêmica em potencial.

---

1 Artigo publicado no *O Globo* em 16 de janeiro de 2016.

Uma maneira de resolver o problema seria decidir que só cabe segredo quando a Constituição o diz expressamente. Na dúvida, tomar o lado da transparência. Caso haja outras votações que mereçam ser secretas, a prova seria uma emenda constitucional que o diga. Isso evitaria que posições sobre esse tema variassem conforme o risco de vitória ou derrota em uma votação específica.

21

AS ESTRATÉGIAS JURÍDICAS E POLÍTICAS POR TRÁS DOS EMBARGOS DE CUNHA

Thomaz Pereira[1]

Em dezembro, o Supremo decidiu o rito do *impeachment* – e entrou de férias. No primeiro dia do novo ano judicial, Eduardo Cunha recorreu. Assim, 2016 começa no Supremo como 2015 terminou: em torno do *impeachment*.

Os embargos de declaração – único recurso cabível contra essa decisão – servem para esclarecer obscuridade, eliminar contradição e suprir omissão no acórdão. Nos embargos, Cunha aponta para o que acredita serem graves vícios na decisão, e parece acreditar inclusive que, por conta deles, poderá reverter o julgamento, e de tão inconformado, entrou com o recurso antes mesmo da publicação do acórdão.

Mas cabem embargos contra uma decisão ainda não publicada? Ou seja, contra um acórdão que, oficialmente, ainda não existe? Esse foi um dos temas debatidos quando da visita de Eduardo Cunha ao Supremo,[2] durante o recesso, para pedir celeridade na publicação do acórdão e apresentar dúvidas quanto à decisão. Na ocasião,[3] o ministro Lewandowski disse que "entrar com embargos antes do acórdão não está pacificado. Pode ser considerado intempestivo. Mas os senhores fiquem à vontade, estamos aqui para analisar". Na dúvida, Cunha decidiu recorrer. Cabe agora ao Supremo analisar.

Até pouco tempo atrás, havia resposta simples na jurisprudência: não cabem embargos antes de publicado o acórdão, mas, em março de 2015 o Supremo julgou caso similar em que aceitou embargos protocolados antes do prazo. A decisão, liderada pelo ministro Fux, foi unânime, porém a unanimidade esconde divergências internas. O caso não era exatamente o mesmo, pois se tratava de embargos de divergência.

---

1   Artigo publicado no JOTA em 03 de fevereiro de 2016.
2   FALCÃO, Joaquim. *O que signfica o presidente Lewandowski recebe o presidente Cunha com a imprensa em frente*. Publicado em JOTA em 23 dez. 2015. Disponível em: <https://goo.gl/64yiRb>. Acesso em: 27 jun. 2017.
3   PASSARINHO, Nathalia; OLIVEIRA, Mariana. *Decisão do STF sobre impeachment não gera dúvidas, diz Lewandowski*. Publicado em G1 em 23 dez. 2015. Disponível em: <https://goo.gl/SVvQpw>. Acesso em: 27 jun. 2017.

E, mesmo naquele julgamento, Lewandowski – que já avisou não considerar a questão pacífica – já chamava atenção para os potenciais problemas de se admitir, como regra, recurso contra decisão cujo teor final ainda não é conhecido. Também o ministro Marco Aurélio mencionou esse tipo de preocupação ao julgar o caso anterior, e agora já se manifestou na imprensa[4] contra os embargos de Cunha, entendendo "que não cabe recurso se não há um objeto".

Afinal, como acusar de obscuridade, omissão ou contradição sem ter tido acesso ao seu texto final? Isso não encorajaria o uso de embargos de declaração, por exemplo, só para atrasar ainda mais o resultado do processo?

Contudo, nada disso realmente importa para Cunha. Em primeiro lugar, Cunha não está realmente inconformado com obscuridades, omissões ou contradições da decisão. Está inconformado com seu resultado. Não há formulação possível que o ministro Barroso possa dar ao acórdão que vá resolver tal frustração. Por isso, para Cunha, é perfeitamente possível recorrer sem saber exatamente quais são as palavras finais. E justamente aí reside um problema para as pretensões de Cunha. Embargos de Declaração não servem para insatisfação com o resultado. Sua função é restrita. E mesmo ministros que, em dezembro, discordaram da maioria quanto ao procedimento do *impeachment*, estão agora limitados em seus poderes. Não havendo obscuridades, omissões ou contradições, não há mais nada a ser decidido. O Supremo já decidiu.

Mas, para Cunha, os embargos não são apenas um recurso jurídico. São, antes de mais nada, a chance de criar um fato político. Mesmo perdendo no Supremo, ainda luta pelo respeito e liderança dos demais deputados, e pela opinião pública. Nesse sentido, os embargos agora apresentados, muito além de um recurso, são uma defesa pública de suas ações, e uma crítica aos ministros que votaram contra ele – especialmente Barroso. Tem, assim, função análoga à das entrevistas e dos demais textos publicados em *blogs* e jornais desde o julgamento do Supremo. Seu público é muito mais amplo do que os onze ministros do tribunal, e os efeitos que Cunha espera obter vão muito além do direito.

---

4   FALCÃO, Márcio. *Recurso contra rito do impeachment é precipitado, diz ministro do STF*. Publicado em Folha de São Paulo em 03 fev. 2016. Disponível em: <https://goo.gl/QXcxvb>. Acesso em: 27 jun. 2017.

22

O SUPREMO JÁ ACERTOU

Thomaz Pereira[1]

O Supremo decidiu decidir. Independentemente de qual seja sua decisão final, já acertou. Diante de ações questionando aspectos formais do processo de *impeachment* na Câmara, o tribunal decidiu colocá-las em pauta imediatamente.

As diferentes ações impetradas traziam alguns riscos. Primeiramente, se um ministro decidisse monocraticamente, seja para conceder ou não a liminar, teríamos uma decisão dada em tempo útil para afetar a votação, mas que poderia não expressar o entendimento do tribunal. Pior ainda, diante de ações diferentes, distribuídas a ministros diferentes, poderíamos ter ministros manifestando visões contraditórias sobre o papel do tribunal no julgamento do *impeachment*. Um Supremo fragmentado é um Supremo fraco.

Além disso, uma decisão colegiada que viesse depois da votação da Câmara já ter ocorrido traria diversos problemas. Se considerasse existentes nulidades no processo teria que anular o procedimento na Câmara depois de sua conclusão. Derrotados comemorariam a nova oportunidade, vitoriosos criticariam a intervenção tardia. O Supremo teria que se defender da acusação de anular o processo, não por vícios procedimentais, mas por discordar do resultado.

Se considerasse inexistentes as nulidades a decisão, correta ou não, viria tarde demais. Incertezas sobre a validade do procedimento podem inflamar um processo que já é naturalmente polêmico. Uma decisão como essa antes da votação, mesmo sem alterar a realidade, pode ser útil por certificar que as regras do jogo estão sendo seguidas. No entanto, da votação encerrada, seria potencialmente inútil. Pior, poderia gerar acusações de que o Supremo teria deixado de invalidar procedimento por concordar com o seu resultado, ou por não ter coragem de anular uma decisão como essa depois de ela ter sido tomada.

Em qualquer desses casos, independentemente da decisão em si, o potencial desgaste à imagem do Supremo seria enorme. Críticas ao conteúdo de suas decisões são normais e, em certa medida, inevitáveis. Críticas à sua capacidade de decidir apontam para um Supremo disfuncional. Isso é evitável, e não deve ser normal.

---

1 Artigo publicado no JOTA em 14 de abril de 2016.

Sabiamente, o tribunal decidiu evitar esses problemas e contornar essas possíveis acusações. O Supremo decidirá. Decidirá colegiadamente. Qualquer que seja o resultado, não será apenas a posição de um ministro, mas do tribunal como um todo. Decidirá tempestivamente. Qualquer que seja o resultado, o Supremo decidirá em tempo para validar o procedimento seguido até aqui ou, se for o caso, para que a Câmara se adeque a sua decisão antes de iniciar a votação do *impeachment*.

Tempestivo e colegiado, hoje o Supremo se mostra à altura de sua missão constitucional. Mostra que é verdadeiramente um tribunal.

A AUTORIZAÇÃO DA CÂMARA E O JULGAMENTO NO SENADO

Com o término do recesso judiciário, e com a abertura da sessão legislativa do ano de 2016, o debate no *impeachment* continuou no Supremo. A Câmara dos Deputados apresentou "embargos de declaração" em face da decisão proferida na ADPF 378 – um tipo de recurso que não pode, em princípio, alterar o resultado de um julgamento, servindo apenas para corrigir ambiguidade, contradição ou omissão na decisão já tomada. Como esperado, contudo, o Supremo manteve sua decisão inalterada e, com ela, o rito estabelecido em dezembro.

Com o término – ainda que parcial – da disputa judicial sobre a eleição da comissão especial, o processo voltou a andar na Câmara. No dia 17 de março de 2016, foi formada a comissão especial para analisar o *impeachment*, nos termos da orientação do Supremo – por votação aberta e sem a possibilidade de apresentação de chapas avulsas. Nesta época, Eduardo Cunha já não escondia ser um inimigo do governo, gerando muitas críticas sobre a condução do processo de *impeachment* como presidente da Câmara.

As investigações da Operação Lava Jato se aprofundavam, e a cena política brasileira se dividia em duas frentes: o *impeachment* e as investigações criminais da Lava Jato, em que mais e mais nomes de políticos apareciam. No início do mês de março, a delação de Delcídio Amaral, senador ligado ao Partido dos Trabalhadores, colocou ainda mais combustível na crise política do governo. A crise se agravou com a divulgação na imprensa de áudios entre a presidente Dilma e o ex-presidente Lula, que indicavam a nomeação do último para ocupar o cargo de ministro da Casa Civil, o que, na prática, poderia protegê-lo temporariamente de investigações, através da atribuição de foro privilegiado. No mesmo mês, grandes protestos tomam conta das ruas, em atos a favor e contra o governo. Nesse momento, vários partidos deixaram formalmente a coalizão do governo, dentre eles o PMDB, partido do vice-presidente Michel Temer.

A comissão especial na Câmara foi responsável por ouvir os denunciantes e a defesa da presidente Dilma. Como conclusão, o relator apresentou um parecer favorável ao pedido de *impeachment*. A comissão aprovou o parecer em votação disputada, por 38 a 27, no dia 11 de abril de 2016. Durante essa fase, mais uma vez o Supremo foi chamado a se manifestar sobre o *impeachment*, desta vez através de ação proposta pela AGU, que sustentava que o direito de defesa da presidente não havia sido respeitado na Comissão. Todavia, o Supremo não viu lesão ao direito de defesa, e, dessa vez, não interveio no processo de *impeachment* em andamento.

Era hora, então, de submeter o pedido à apreciação do plenário da Câmara dos Deputados. Em uma sessão longa e conturbada, 367 deputados votaram no sentido do prosseguimento do processo de *impeachment*. A sombra do Supremo pairava sobre o Congresso – poderia o Tribunal afetar, ainda que indiretamente, a decisão final dos parlamentares, por meio de argumentos de procedimento constitucional ou mesmo regimental?

Eduardo Cunha entregou o processo de *impeachment* a Renan Calheiros no dia 17 de abril. Ao Senado caberia o exercício de duas funções, conforme o rito estabelecido pelo STF. Em primeiro lugar, decidir sobre a abertura do processo de *impeachment*. Se esta decisão fosse favorável, a presidente seria afastada de suas funções. A outra função seria a de proceder ao efetivo julgamento de mérito do *impeachment*, levando à destituição definitiva da presidente do cargo.

Na comissão especial do *impeachment* no Senado, coube ao senador Antônio Anastasia elaborar o relatório e parecer. O relator opinou pela abertura do *impeachment*, o que foi aprovado pela comissão especial e pelo plenário do Senado. Deste modo, no dia 12 de maio a presidente Dilma foi afastada de seu cargo, e o processo prosseguiria com a preparação para o julgamento de mérito.

No mesmo dia em que a presidente foi afastada de suas funções, o ministro Ricardo Lewandowski, presidente do STF, assumiu a condução do processo no Senado. O processo de julgamento durou de maio até agosto. Boa parte se desdobrou no âmbito da comissão especial, com uma longa fase de depoimentos da acusação e da defesa. Finalmente, no dia 4 de agosto, o parecer foi aprovado pela comissão especial. Com a posterior aprovação do parecer pelo plenário do Senado, se iniciou a fase de julgamento no Plenário do Senado, onde se oportunizou, mais uma vez, a defesa da presidente.

Finalmente, no dia 31 de agosto, o Senado procedeu à votação sobre a condenação ou não da presidente. Na votação, novas polêmicas ocorreram quanto ao procedimento a ser seguido. Uma minoria de senadores apresentou um requerimento de destaque para votação da perda dos direitos políticos de Dilma em separado da votação da perda do cargo em si. O destaque foi aprovado pelo ministro Lewandowski, que presidia a sessão, com base em uma interpretação do Regimento, sem ter sido levado ao plenário do Senado. Os senadores votaram, portanto, duas vezes: uma para decidir sobre a perda do cargo, outra para definir a inabilitação para o exercício de funções públicas.

A decisão de Lewandowski gerou protestos, mas prevaleceu. O Senado votou favoravelmente à perda do cargo, mas mantendo a habilitação de Dilma Rousseff para exercer funções públicas. Com isso, terminou o processo de *impeachment* no Senado, mas gerando novas dúvidas sobre a constitucionalidade do fatiamento da votação e, de um modo geral, do próprio processo de *impeachment* como um todo.

CONFUSÃO DE PODERES?

Diego Werneck Arguelhes[1]

O senador Renan Calheiros afirmou que teria "conseguido no Supremo Tribunal Federal desfazer o indiciamento" da senadora Gleisi Hoffmann e de seu marido, Paulo Bernardo. Fez isso se dirigindo ao presidente do Supremo, ministro Lewandowski, que, no dia anterior, segundo a imprensa, teria pedido aos senadores um aumento salarial para juízes. Pouco tempo depois, o Supremo adiou o julgamento da denúncia contra Hoffmann, considerando que ela teria dificuldades de acompanhar sua própria defesa enquanto envolvida com o processo do *impeachment*.

Não há relações necessárias entre esses fatos. E a declaração de Calheiros é difícil de entender, considerando que Hoffman e Bernardo permanecem indiciados. Mas, somados, compõem cenário em que a separação entre os poderes da República fica perigosamente confusa. E, nessa confusão, o ator mais exposto é o Supremo Tribunal Federal.

Se condenada, Dilma recorrerá ao Supremo. Congressistas são, por definição, partes engajadas com um dos lados na disputa do *impeachment*. O tribunal, porém, precisa manter distância pública e visível dos conflitos políticos que precisará julgar.

O *impeachment* e a Lava Jato colocam os poderes em contato diário, em tensão inevitável. Pela Constituição, o presidente do Supremo dirige o julgamento de Dilma – de que, também pela Constituição, participam senadores com foro privilegiado e processos e investigações em curso no Supremo. Lewandowski tem cumprido essa função com firmeza e ponderação. Por fim, também pela Constituição, cabe ao Presidente do Supremo dialogar com os outros poderes sobre questões salariais.

São todos esses papéis, em si, constitucionais. Quando, porém, ações e declarações misturam, perante a opinião pública, as lógicas do juiz, do negociador, do político e do investigado, temos um problema. Mesmo ações em princípio constitucionais podem comprometer a percepção pública de imparcialidade do Supremo se tomadas no momento errado. No momento atual, mais do que nunca, legalidade é insuficiente.

---

1   Artigo publicado no *O Globo* em 27 de agosto de 2016.

24

QUAIS OS PODERES DE EDUARDO CUNHA NO *IMPEACHMENT*?

Thomaz Pereira[1]

Por trás da decisão[2] do ministro Marco Aurélio determinando o envio do pedido de *impeachment* contra o vice-presidente Michel Temer à Comissão Especial há uma questão ainda muito mal resolvida: qual o poder do presidente da Câmara diante de um pedido de *impeachment*?

Sua resposta, além de afetar a denúncia contra Temer, influencia também o atual processo contra a presidente Dilma Rousseff. Uma questão que não começou com Cunha, mas, diante da crise atual e de sua atuação à frente destes processos, tornou-se um sério problema.

Desde o início de 2015 o país acompanha os movimentos de Cunha nos pedidos de *impeachment* contra Dilma. Foram meses entre o protocolo do primeiro pedido e os ofícios de Cunha recomendando a "atualização e readequação"[3] da denúncia. Foram ainda mais alguns meses – e 31 arquivamentos – antes do eventual encaminhamento[4] de um deles para a análise da Comissão Especial. Nessa decisão, Cunha não se limitou a enviar a denúncia. Foi além, manifestando-se pela sua admissibilidade apenas quanto às violações da lei orçamentária – desconsiderando outras alegações –, e apenas quanto aquelas realizadas em 2015 – desconsiderando qualquer acusação relativa ao mandato anterior.

Em relação ao vice-presidente, temos novamente Cunha no controle. Até o momento, foram protocolados pelo menos dois pedidos contra Temer, denunciado tanto por sua participação em violações orçamentárias, como por eventual envolvimento com fatos investigados na Lava Jato. O primeiro, sumariamente arquivado por Cunha, é agora objeto de ação no Supremo requerendo sua abertura. O segundo, de

---

1   Artigo publicado no JOTA em 05 de abril de 2016.

2   SCOCUGLIA, Livia. *STF manda Cunha avaliar impeachment do vice-presidente Michel Temer*. Publicado em JOTA em 05 de abril de 2016. Disponível em: <https://goo.gl/82GaRx>. Acesso em: 27 jun. 2017.

3   GÓIS, Fábio. *Exclusivo: Cunha libera 11 ofícios de impeachment*. Publicado em Congresso em Foco em 17 jul. 2015. Disponível em: <https://goo.gl/mZssNL>. Acesso em: 27 jun. 2017.

4   JOTA. *Cunha inicia processo de impeachment contra Dilma*. Disponível em: <https://goo.gl/CEjC6g>. Acesso em: 27 jun. 2017.

autoria do ex-governador Cid Gomes, acabou de ser protocolado. E a atitude de Cunha não sugere que ele deixará de decidir como o dono da agenda do *impeachment*.

Nesses casos, Cunha procurou definir o *timing* e, quanto a Dilma, o próprio conteúdo da denúncia, mas o Presidente da Câmara tem mesmo todo esse poder? Não. Cunha usa um poder que nem a Constituição, nem a lei, nem o regimento lhe dão. Segundo a Constituição, "compete privativamente à Câmara dos Deputados: autorizar, por dois terços de seus membros, a instauração de processo contra o Presidente e o Vice-Presidente da República". Segundo a lei, "é permitido a qualquer cidadão denunciar o Presidente da República ou Ministro de Estado, por crime de responsabilidade, perante a Câmara dos Deputados". E, depois de recebida, a denúncia será "despachada a uma comissão especial" que "emitirá parecer [...] sobre se a denúncia deve ser ou não julgada objeto de deliberação".

E o presidente da Câmara? Seu papel – e seus poderes – não decorrem nem da lei, nem da Constituição. Ele só aparece no regimento, e sua função é extremamente limitada. Segundo o regimento, ele tem o papel de verificar a presença objetiva de elementos formais no pedido. Deve verificar se a denúncia foi assinada – com firma reconhecida –, se está acompanhada de documentos que a comprovem – ou da declaração de impossibilidade de apresentá-los e indicação de onde possam ser encontrados – e, se for o caso, de um rol de testemunhas. Função mais de cartorário, que de juiz. O próprio regimento – a única fonte de qualquer poder do presidente nesse momento – determina que, presentes tais requisitos, a denúncia "será lida no expediente da sessão seguinte e despachada à Comissão Especial eleita".

Para a interpretação ampliativa de seus poderes, Cunha invoca alguns precedentes do Supremo. Neles, é verdade, o tribunal entende que o presidente pode ir além da "verificação das formalidades extrínsecas e da legitimidade de denunciantes e denunciados". No entanto, tecnicamente, o Supremo apenas permitiria ao presidente ir além da forma para rejeitar denúncia "patentemente inepta", "despida de justa causa" ou "abusiva, leviana, inepta, formal ou substancialmente". Ou seja, mesmo que se concorde com esta interpretação – já bastante expansiva – ela não é suficiente para legitimar algumas das recentes decisões de Cunha, que adentram o próprio mérito das denúncias.

Há algumas explicações para essa hipertrofia ilegal e inconstitucional, chancelada parcialmente no Supremo, da função do presidente da Câmara. Segundo dados de 2015 foram 132 denúncias desde 1990. 29 contra Collor. Quatro contra Itamar. Dezessete contra FHC. 34 contra Lula. 48 – e contando – contra Dilma. Em períodos de normalidade pode ter parecido necessário e inofensivo permitir que o presidente da Câmara extrapolasse seus poderes regimentais para poupar a inútil convocação de uma comissão especial. Podemos supor que, na ausência de conflito dentro da Câmara sobre os pedidos, essa ação expansiva do presidente seria um simples atalho para antecipar a inevitável rejeição de pedido absurdos junto ao plenário.

Mas, em um período de crise e conflito, os riscos dessa hipertrofia ficam claros. Levou a uma perigosa concentração de poderes nas mãos de Eduardo Cunha. Como a Câmara pode reagir e recuperar seu espaço de decisão? Em primeiro lugar deixando claro que não se vincula por qualquer declaração ou observação dada por Cunha ao encaminhar o pedido de *impeachment* à Comissão Especial. Afinal é a ela, e não a Cunha, que cabe emitir parecer sobre a consistência da denúncia. Em segundo lugar, qualquer deputado pode recorrer de qualquer dos arquivamentos de Cunha – seja contra a presidente, seja contra o vice-presidente. Fazer isso em casos em que Cunha tenha extrapolado sua competência, adentrando o mérito das denúncias, seria um ato de defesa das prerrogativas da Comissão Especial e, em última instância, do próprio plenário.

Ao Supremo, recém-provocado a se manifestar no caso de Temer, caberia explicitar os limites de sua própria jurisprudência. Deixar claro que, embora tenha permitido ao presidente controlar denúncia "patentemente inepta", isso deve ser excepcional. A Cunha não cabe discordar ou concordar com os pedidos. Se o fizer, afronta o regimento, a lei, a Constituição e, ao final, a Câmara dos Deputados e o próprio Supremo.

Diante do atual contexto político, uma decisão desse tipo poderia desagradar os dois lados. Governistas contam com as limitações declaradas por Cunha ao receber a denúncia contra Dilma; oposicionistas contam com sua interferência para blindar Temer de um igual destino. Uma situação como essa, em que os interesses próprios de diferentes grupos o levam a convergir em uma interpretação inconstitucional é exatamente o tipo de situação que requer a interferência do Supremo. O ministro Marco Aurélio, com sua decisão liminar, deixou claro sua disposição de intervir para corrigir essa distorção. Resta saber se o tribunal como um todo está disposto a assumir tal responsabilidade.

25

AS CAUTELAS DO RELATOR DO *IMPEACHMENT*

Ivar A. Hartmann | Fernando Leal[1]

Havia grande expectativa pelo parecer do relator da comissão do *impeachment* por se tratar de manifestação institucional sobre o mérito das acusações. A abertura do processo por Eduardo Cunha foi cercada de suspeitas quanto a sua motivação e quanto aos seus limites. Ao relator caberia se distanciar desses dois fatores. Para tanto, optou por um cuidado estratégico que deve gerar quase um anticlímax para aqueles que pretendem resumir as manifestações institucionais a juízos políticos maniqueístas. Quais são as precauções adotadas pelo deputado Jovair Arantes?

Primeiro: Arantes deixa claro que a avaliação feita pela Câmara é de mera viabilidade da acusação. Esta, aliás, tinha sido a decisão do Supremo no final do ano passado. Os deputados devem decidir se há condições mínimas para abrir um processo no Senado, e não se há condições para efetivamente impedir a presidente Dilma Rousseff. Mais ainda, diz que a Constituição espera da Câmara e do Senado que julguem com "maior sensibilidade política". A essência política da análise reduziria a exigência de rigor técnico-jurídico. Entretanto, ainda assim, o relator acredita que esse rigor seja conveniente. O relatório é, de fato, longo e detalhado.

Segundo: o deputado busca mostrar independência. Opina contra algumas das alegações da acusação e concorda com outras. Em relação aos pedidos feitos pela denúncia, Arantes considera haver fundamentos suficientes para o encaminhamento para o Senado do pedido de impedimento pela (i) abertura de créditos suplementares, por decreto, sem autorização legislativa, e (ii) contratação ilegal de operações de crédito com o Banco do Brasil – as chamadas "pedaladas fiscais". Mas não acredita haver razões suficientes para a admissibilidade preliminar do pedido de impedimento com base em supostas condutas relacionadas ao "mascaramento" do orçamento e à assinatura de leis orçamentárias com informações incorretas.

---

1   Artigo publicado no JOTA em 06 de abril de 2016.

Terceiro: o parecer é estratégico ao pretender não dar razões para que o governo recorra ao Supremo. Arantes afirma que incluir a delação de Delcídio Amaral no processo não faz a menor diferença, pois o relatório não a levou em consideração. Ao contrário: o seu relatório se limitou aos termos da denúncia. Não amplia a decisão anterior de Cunha: os argumentos para o *impeachment* negados na abertura do processo são novamente desconsiderados pelo relator. Isso frustra possíveis alegações de que foram trazidos fatos ou provas novas ao processo após sua abertura. Para reforçar o aspecto estritamente legal que pretende dar ao relatório, Arantes aponta que cada decisão sua está respaldada por precedentes do Supremo. Assim, ainda que recursos ao tribunal sejam inevitáveis, Arantes tenta antecipar argumentos para que o Supremo não acate os pedidos da defesa da presidente.

Por último, a cautela mais importante de todas. O relator enquadra seu documento como uma primeira etapa que em nada vincula as autoridades das etapas seguintes. O plenário da Câmara pode acatar argumentos que ele e Cunha rejeitaram. E o Senado pode tudo. É lá que o *impeachment* será efetivamente julgado. Os senadores podem analisar fatos e provas novas, incluindo novas revelações da Lava Jato, a conversa entre Lula e Dilma e a delação de Delcídio. Eles podem igualmente apreciar itens apresentados na denúncia que não foram objeto de análise mais apurada por Arantes, como as acusações relacionadas à Petrobrás.

Como fica, agora, o processo de *impeachment*? O parecer do relator cumpre uma etapa institucional importante, mas cautelosamente garante que o jogo permaneça aberto até a votação no plenário do Senado. No fundo, o relatório tenta ao máximo afastar questões polêmicas. Aposta no foco na denúncia, na seletividade das questões que considera mais maduras e na fundamentação jurídica dos argumentos. À luz do relatório, a melhor estratégia de justificação conjuga ataque e defesa. E o caminho encontrado para implementá-la está em manter amalgamados o político e o jurídico.

26

PARECER APRESENTADO, INÍCIO DO JOGO

Joaquim Falcão | Diego Werneck Arguelhes[1]

"A conclusão deste relatório deve ser apenas a de autorizar a instauração ou não do processo. Nada mais do que isso. [...] Não é o momento de dizer se a presidente cometeu ou não crime de responsabilidade ou se a denúncia procede ou não".[2] Se é assim, qual é então o papel da Câmara? Qual a importância do parecer do relator da Comissão, e de seu próprio plenário?

Na decisão do Supremo, oito dos onze ministros afirmaram que o processo de *impeachment* ocorre em três etapas. A Câmara – comissão e plenário – decide se autoriza o Senado a processar e julgar. Depois, o Senado – comissão e plenário – decide se processará ou não a presidente. Por fim, o Senado julga: decide se condena ou absolve.

A comissão da Câmara foi instalada. O relator foi escolhido. A denúncia apresentada. A defesa feita, os esclarecimentos dados, o parecer apresentado. Ou seja, o rito do *impeachment* determinado pelo Supremo está sendo seguido. Mas, até agora, tudo é como disse o ministro Barroso em dezembro: pré-processual. Estamos no início do jogo. Foi um parecer individual. Mas ajuda a definir aspectos importantes.

Pedalada não é imaginação. Por ora, é "indício" da possibilidade de crime. Se será indício suficiente ou não, só o voto do conjunto do plenário da Câmara dirá. E, se o indício vai se confirmar ou não como crime, só o Senado eventualmente dirá.

O parecer disse mais. Embora a presidente Dilma tenha escolhido focar sua defesa apenas no segundo mandato, o deputado Jovair Arantes faz questão de registrar: ela foi regularmente intimada a se defender de todas as acusações constantes da denúncia, incluindo as pedaladas de 2014. Se não o fez, foi por opção de sua defesa. Ou seja, responde por atos de seus dois mandatos, desde 2011, e não apenas a partir de 2015, como o próprio Eduardo Cunha havia alardeado.

---

1 Artigo publicado no *O Globo* em 07 de abril de 2016.
2 Trecho extraído do parecer do deputado Jovair Arantes (PTB), relator do pedido de *impeachment* de Dilma Rousseff na Câmara dos Deputados.

O parecer disse ainda que o Senado pode não se limitar a receber e avaliar as pedaladas que a Câmara considerou decisivas. Se quiser, pode avaliar outros itens da denúncia. Duas casas funcionando de forma livre e independente, como o Supremo estabeleceu.

Os votos individuais de deputados e senadores, ao contrário das sentenças dos juízes, não precisam ser formalmente argumentados e justificados. O processo legislativo é diferente do processo judicial. O juiz precisa motivar cada decisão. O deputado, não. Há pareceres escritos, mas, na hora do voto, basta autorizar o *impeachment* a prosseguir ou não.

Finalmente, o relator constata que, até agora, a Comissão respeitou o devido processo legal. Tudo dentro das regras. O que é indispensável para o Estado Democrático de Direito.

Vem mais por aí.

27

O SUPREMO DEVE BARRAR O *IMPEACHMENT*?

Ivar A. Hartmann[1]

A alguns dias da votação decisiva no plenário da Câmara, o governo questiona no Supremo aspectos procedimentais do *impeachment*. Possivelmente em reação a isso, o plenário se manifestará nessa quinta, à tarde, em sessão extraordinária, sobre a ordem de votação dos deputados no domingo. Não há como prever o resultado do julgamento. Qualquer que seja ele, porém, há duas consequências possíveis: ou sai enfraquecido o governo, ou o próprio Supremo.

Na quarta, a presidente Dilma convocou jornalistas para uma longa conversa intimista. Tentativa tardia de humanização. Enquanto isso, o ex-presidente Lula e José Eduardo Cardozo nadam contra a maré para tentar mudar o quadro de derrota que se anuncia. Um no campo político, outro no jurídico. Lula manobra contra o comportamento de manada pró-*impeachment*, que era uma possibilidade na votação de domingo e acabou começando já durante a semana.

Cardozo rebateu os argumentos de mérito do *impeachment* com eficiência e carisma nas oportunidades que teve na Câmara dos Deputados, e não foram raras. Ele é um dos poucos membros do governo que sairá mais forte da crise, qualquer que seja o desfecho. Seu sucesso em manter dúbia a configuração do crime de responsabilidade, perante deputados e sociedade, só reforça que o governo teve oportunidade de defesa plena. Coloca em questão a tese de cerceamento de defesa, um dos dois pontos do MS no Supremo. No julgamento de dezembro, aliás, a reclamação de cerceamento de defesa da presidente não convenceu nenhum ministro.

O outro ponto judicializado pelo governo é a ampliação do objeto do *impeachment*. A delação de Delcídio Amaral e outras recentes revelações da Lava Jato não poderiam ter sido sequer discutidas na Câmara, porque não faziam parte da denúncia sendo avaliada. Mas essa tese pressupõe que os plenários da Câmara e do Senado ficam limitados pelos termos da decisão de Eduardo Cunha de dar prosseguimento à denúncia, ou mesmo pela amplitude da própria denúncia. Não está claro que seja assim.

---

1   Artigo publicado no JOTA em 14 de abril de 2016.

O ministro Barroso, citado depois no parecer do relator Jovair Arantes, lembrou que o *impeachment* não é um processo criminal judicial. A Constituição quis um julgamento por um órgão político, com um componente político. As garantias do acusado não são necessariamente as mesmas. E, mesmo quando são, não têm a mesma amplitude. Como exigir contornos bem definidos e fixos para o objeto do *impeachment* se, pela própria Constituição, os julgadores – deputados e senadores – não precisam fundamentar seu voto individual?

É nesse contexto que o Supremo tem sido constantemente provocado a se manifestar sobre questões procedimentais. O mérito das alegações, porém, não é o único fator importante para avaliar a conveniência de uma intervenção do tribunal. Acima de tudo, os ministros devem escolher o papel do Supremo no *impeachment*. É certo que o Supremo de Collor não é o Supremo de Dilma, mas ainda não está claro o que o Supremo de Dilma quer ser.

O risco é virar um tribunal que, de tanto intervir em questões supostamente procedimentais, acabou assumindo responsabilidade pelos rumos da crise. De um lado, estão as liminares monocráticas do ministro Gilmar Mendes suspendendo a posse de Lula e do ministro Marco Aurélio obrigando Eduardo Cunha a abrir o *impeachment* de Michel Temer. De outro, as liminares monocráticas do ministro Fachin recusando-se a intervir na ordem de votação desse domingo e do ministro Celso de Mello negando-se a forçar a abertura de outro processo contra Temer. Felizmente nessa quinta o Supremo se manifesta como colegiado. A última vez que fez isso, em dezembro, deu mostras de querer desempenhar esse segundo papel. Um tribunal consciente do risco de, entrando demais no procedimento, acabar virando árbitro do mérito do *impeachment*.

Esse risco seria agora confirmado se o Supremo interviesse no *impeachment* de maneira decisiva na véspera da votação na Câmara. Não importa se em resposta ao governo sobre cerceamento de defesa ou em resposta a outros partidos e parlamentares sobre ordem de votação na Câmara. Se contrariar sua jurisprudência e interferir em questões interna *corporis* do Congresso o Supremo sairá enfraquecido.

Cardozo talvez não tenha percebido que, ao ser provocado agora, se o Supremo optar por não intervir, terá legitimado mais o resultado da votação do plenário da Câmara. Sairá enfraquecido o governo, agora sem o argumento de ilegitimidade procedimental que sempre foi central em seu discurso. Se a votação de domingo for pré-referendada pelo Supremo, perde força a ideia de rito ilegal ou inconstitucional. Poderia ainda o governo falar em golpe?

28

UM SUPREMO TRIBUNAL REGIMENTAL?

Eduardo Jordão[1]

Pode o Supremo, em uma ADIn, afastar a interpretação do Regimento da Câmara dos Deputados que viole os termos *do próprio Regimento?* Eis uma das questões que o Tribunal precisou decidir na sessão extraordinária de ontem.

Não era uma decisão qualquer. Em jogo, estava o procedimento de votação do *impeachment* no plenário da Câmara dos Deputados neste fim de semana. O Tribunal foi chamado a controlar a interpretação do Presidente da Câmara, Eduardo Cunha, para o dispositivo do regimento segundo o qual "a votação nominal será feita pela chamada dos deputados, alternadamente, do Norte para o Sul e vice-versa".

Em um julgamento longo e confuso, cheio de divergências, a maior divisão se deu justamente quanto à competência do Supremo para entrar na questão. Quatro ministros de uma corte incompleta, com apenas dez membros, consideraram a interpretação de Cunha uma leitura equivocada do próprio Regimento. No caso da ADIn, porém, tratava-se de controle de *constitucionalidade*, não de regimentalidade.

Para justificar a intervenção do Supremo, houve diversas tentativas de conectar a violação do regimento com violações à Constituição. O ministro Barroso, por exemplo, sustentou que interpretações "irrazoáveis" do Regimento representariam violações da legalidade, do estado de direito ou do devido processo legal – princípios constitucionais. Por trás dessas ginásticas interpretativas, há consequências graves para o funcionamento e o papel do Supremo. Se desrespeitar uma norma regimental *leva necessariamente* a violar a garantia constitucional da legalidade ou do devido processo legal, *toda* ilegalidade se torna espaço de atuação do Supremo. Observar que se trata de um caso especial – o *impeachment* – não ajuda, já que essa norma regimental se aplica a outras hipóteses de funcionamento do legislativo para além desse momento específico.

A minoria derrotada na ADI expressou um ímpeto intervencionista que não é novidade no Tribunal. Ao longo dos últimos anos, o Supremo tem demonstrado não se preocupar muito com os limites textuais – ainda que claros – de normas constitucionais que lhe caberia apenas *interpretar* – a exemplo, aliás, do que reprovaram na conduta de Cunha.

---

1   Artigo publicado no JOTA em 15 de abril de 2016.

Agora, quatro ministros pretendiam estender a sua competência de "guarda da constituição" para muito além do controle de constitucionalidade em sentido estrito. Essa posição não prevaleceu na ADIn. Mas foi por pouco: faltou apenas um voto. Como não há um Supremo do Supremo, teríamos que conviver com um Supremo Tribunal Regimental.

A "guarda da constituição" a que os ministros tanto se referem não é uma tarefa misteriosa. Ela não abrange tudo que existe de *injusto* no funcionamento das instituições brasileiras; na verdade, ela sequer abrange tudo que existe de *ilegal* nas instituições brasileiras. Controle de constitucionalidade é comparar normas e atos do poder público com o texto constitucional. Assim, por óbvio, se não há incompatibilidade entre normas e algum dispositivo constitucional, não cabe controle de constitucionalidade. Em casos assim, o silêncio do Supremo e a deferência ao legislativo são também expressões da tarefa de guardar a constituição.

No fundo, a tarefa do controle de constitucionalidade é mais difícil pelas tentações que impõe ao julgador, do que pelas operações intelectuais que envolve: reescrever toda norma que aparece a partir do que se considera melhor é fácil. Saber até onde a Constituição de fato autoriza uma intervenção judicial é muito mais difícil.

29

IMPEACHMENT: UMA QUESTÃO PARA O CONGRESSO

Diego Werneck Arguelhes[1]

O processo do *impeachment* até aqui ocorreu à sombra dos juízes do Supremo, da decisão de dezembro até a sessão extraordinária de quinta passada. Mas essa sombra pode ser enganosa, e não podemos tomar a parte pelo todo. Nesse tipo de processo, o Supremo é sempre um desvio, não um destino final. Como instituição colegiada, o Supremo falhou até aqui em esclarecer para as pessoas que a decisão última – o "sim" ou "não" da Câmara e do Senado – não compete a seus juízes, mas sim aos parlamentares. Mas a confusão das mensagens muitas vezes conflitantes enviadas pelos ministros nas últimas semanas não deveria nublar um dado básico do nosso sistema constitucional: o guardião da constituição não pode ser o julgador do *impeachment*.

Há dois aspectos da estrutura do *impeachment* na Constituição que exigem que o Supremo se afaste do mérito dessa decisão.

Primeiro, a Constituição atribuiu ao Congresso a competência de processar o presidente por crimes de responsabilidade. Uma função tipicamente judicial, mas inequivocamente alocada para um órgão político paralelo ao Supremo. Com esse texto, fica difícil fazer malabarismos interpretativos para dizer que os ministros podem adentrar no âmago da decisão que a constituição colocou nas mãos de outro poder.

Não se pode tratar a Câmara e o Senado como simples órgãos de primeira instância do Supremo: decidem primeiro, mas cabe recurso para o Supremo. Seria transpor, para o processo de *impeachment*, o hábito forense de proliferar todos os espaços para recursos: há sempre um caminho para o Supremo, a ser descoberto por advogados hábeis, e tudo que acontece antes disso é provisório. Essa visão já é patológica no funcionamento do judiciário; no caso da decisão de mérito do *impeachment*, ela seria ainda mais equivocada.

Segundo, a Constituição prevê o elevadíssimo quórum de dois terços (2/3) para as decisões finais tanto da Câmara, quanto do Senado no processo de *impeachment*. Na verdade, esse é o mais alto quórum exigido pela Constituição para qualquer deliberação legislativa ou de-

---

[1] Artigo publicado no JOTA em 17 de abril de 2016.

cisão institucional, em qualquer poder. Maior que os três quintos (3/5) exigidos para se emendar a constituição.

Uma decisão por dois terços só pode ocorrer com muita convergência de ações e ideias e entre muitas pessoas. Considere, por exemplo, o que ocorreria se o quórum de dois terços fosse aplicado às decisões do próprio Supremo Tribunal sobre o *impeachment*. Isso significaria que o tribunal precisaria de oito ministros para concordar com qualquer um dos pedidos formulados de novembro para cá. A maioria das decisões já tomadas até aqui – muitas envolvendo maiorias de seis ou sete ministros – não teria conseguido atingir esse nível de consenso. O tribunal não teria conseguido decidir que a Comissão Especial não poderia ter sido formada por chapa avulsa e voto secreto, por exemplo.

Na verdade, esse é mais do que um número. É a expressão, em desenho institucional, de um ideal – de uma tomada de posição sobre como funciona o nosso presidencialismo e como se darão as relações entre os poderes: nas relações entre Congresso e Presidência, expressa a ideia de que remover um presidente por crime de responsabilidade precisa ser algo *raro, custoso, difícil*. Não basta uma maioria de deputados e senadores; é preciso que o *impeachment* seja apoiado por mais parlamentares do que seria necessário para aprovar até mesmo uma emenda constitucional.

Nas relações entre Supremo e Congresso, por outro lado, expressa a ideia de que esta decisão que extrai do sistema político democrático uma alta presunção de legitimidade. Quando um quórum de dois terços é atingido em uma instituição legislativa representativa, não se trata de uma "maioria eventual". Juristas e juízes costumam apontar para a fragilidade de "maiorias legislativas eventuais" para justificar a revisão judicial de atos legislativos. Aqui, porém, um grande número de parlamentares – e, indiretamente, de eleitores, de interesses e visões de mundo – teriam que convergir para chegar aos dois terços. Do lado do Supremo, uma decisão legislativa com essa característica deveria inspirar redobrada deferência. Não é necessário idealizar o Congresso que temos para reconhecer que, no nosso sistema, com todos os seus problemas, o quórum de dois terços tem um significado diferente de uma maioria simples.

O Supremo não pode intervir no resultado final. Pode, como tem feito, garantir a regularidade do procedimento dentro das regras constitucionais. Mas em algum momento o direito se esgota e a política será soberana. Deixar isso claro agora, antes da hora da política pura começar, teria sido importante para equacionar expectativas. O tribunal já se apresentou como disponível para todo e qualquer tipo de demanda no processo de *impeachment*; até aqui, porém, não puxou para si a responsabilidade pelo resultado final. É esperado que continue assim. É bom, para nossas instituições, que continue assim. Nem a Câmara, nem o Senado podem ser apenas um tribunal inferior perante o Supremo – juízes provisórios, que simplesmente "erram primeiro". Aos parlamentares compete a decisão; a eles competirá os custos políticos de sua decisão, certa ou errada. Neste domingo, é a hora da política.

30

O SUPREMO E A CARTOMANTE

Joaquim Falcão[2]

A música *Cartomante* de Ivan Lins e Victor Martins, com magnífica interpretação de Elis Regina, parece ter sido feita ontem, em 1978, para hoje, 2016. Diz assim: "Cai o rei de espadas / Cai o rei de ouros / Cai o rei de paus / Cai, não fica nada". Será mesmo que não?

Na quinta-feira, o Supremo fez cair um rei. Disse que Cunha não fica nem como deputado, nem como presidente da Câmara. Quem o substitui então? Qual o herdeiro? Depende. Será mesmo que não fica nada?

Na Câmara, deverá ser como manda o regimento da Casa. Assume o vice-presidente, Waldir Maranhão, no caso de ausência ou impedimento do presidente, para os trabalhos de rotina. Na linha sucessória presidencial, não assume Maranhão. Assume o senador Renan Calheiros, por um motivo simples: é o que diz a Constituição. No impedimento do presidente da Câmara, não é o vice-presidente da própria Câmara quem assume, mas sim o presidente do Senado.

Além de ser esta a nossa prática, em 2002, quando estiveram ausentes do país o presidente, Fernando Henrique Cardoso, e o vice, Marco Maciel e os presidentes da Câmara, Aécio Neves, e do Senado, Ramez Tebet, estavam de licença, foi assim. Quem assumiu foi o presidente do Supremo, ministro Marco Aurélio, quarto na linha sucessória. Os vices da Câmara e do Senado não entram.

Tudo claro, mas nada acaba aí. Na quinta-feira, o Supremo decidiu apenas a ação específica, dentro da Lava Jato, que atinge a Cunha. Falta decidir a ação da Rede, sobre o princípio geral: congressista réu em processos penal pode estar na linha de sucessão da presidência? Se esse princípio não for confirmado, o senador Renan continua presidenciável, mesmo que temporariamente. Mas é bom lembrar que o Supremo pode, a qualquer tempo, transformar Renan em réu. Já há uma denúncia e diversos inquéritos no tribunal contra ele. Nesse caso, se o Supremo concordar com o que pede a Rede, poderia cair também outro rei.

A realidade parece imitar a canção: cai a Presidência da República. Cai o presidente da Câmara. Pode cair o presidente do Senado. E não fica nada? Em princípio, fica o vice-presidente Michel Temer, desde

---

2   Artigo publicado no O Globo em 06 de maio de 2016.

que denúncias contra ele não apareçam. Se aparecerem, desde que não sejam aceitas. Depende principalmente do Ministério Público e, em última instância, do próprio Supremo. O tribunal já se concedeu este poder. O de fazer cair qualquer rei. Foi por unanimidade, aliás, como costuma ser o caso quando se trata de aumentar seu poder.

Mas não há que se ansiar. Quarta-feira, dia 11, o Senado julgará o afastamento de Dilma. No mesmo dia, ao lado, o Supremo pode estar julgando Renan.

Destino, música ou coincidência?

31

A ESCOLHA DOS 511 É SOBERANA

Ivar A. Hartmann[1]

O presidente interino da Câmara anulou a sessão que autorizou a abertura do *impeachment* alegando, principalmente, que os deputados deveriam ter escolhido livremente seu voto.

Cedeu parcialmente ao pedido de anulação feito pelo governo. Seria ilegal que os deputados votassem a partir de orientação de seus partidos ou bancadas. Esse argumento para anulação da sessão do dia 17 de abril tem ao menos duas contradições.

A primeira é interna. O presidente interino ignora o voto de 511 deputados e os anula, em nome da proteção do direito de escolha desses mesmos deputados. Protege cassando. Um paradoxo. A segunda contradição é que pretende realizar um controle da maneira como cada deputado forma sua convicção sobre o voto, mas isso é impossível. Nunca há como saber se o deputado votou "sim" por convicção própria ou por orientação do partido. É tentativa de comandar o pensamento de cada parlamentar. Segundo Waldir Maranhão, a Câmara pode dizer a cada deputado: "vote como quiser, mas apenas pelo fundamento que for oficialmente autorizado".

Há outros problemas com a decisão do presidente interino. Antes de mais nada, o recurso do governo não tem base legal, mas o que provavelmente será decisivo é que a Câmara já passou o rito de *impeachment* para o Senado. Maranhão não pode pegar o bastão de volta à força. O presidente interino ganhou apenas quinze minutos de fama.

---

1   Artigo publicado no O *Globo* em 09 de maio de 2016.

32

O *IMPEACHMENT* NO SUPREMO: O QUE MUDA COM O AFASTAMENTO DE DILMA

Diego Werneck Arguelhes[1]

Como o afastamento de Dilma afetará as disputas judiciais em torno do *impeachment*?

De um lado, aumentará o combustível para judicialização. Dilma foi afastada temporariamente do cargo, mas o processo não acabou. Começa agora quase uma espécie de processo penal dentro do Senado, presidido pelo ministro Lewandowski. Haverá discussão sobre provas de todo tipo – testemunhas, documentos, *experts* –, regulada em detalhes pelo Regimento do Senado, já moldado pelas regras do Caso Collor.[2]

Na decisão da ADPF 387 em dezembro, aliás, o Supremo sinalizou que, após o afastamento, as garantias processuais e o direito de defesa incidiriam em grau máximo. Com mais e mais rígidas regras procedimentais, aumenta o espaço para contestação e intervenção judicial. O Supremo não sairá de cena. De outro lado, o cenário mudou. Há menos espaço para um certo tipo de contestação mais drástica e radical que tem marcado a defesa de Dilma da Câmara dos Deputados para cá.

O advogado-geral da União tem combinado contestações pontuais – sobre questões procedimentais "micro", envolvendo a aplicação e interpretação de regras específicas a atos do processo – e contestações gerais – provocando o Supremo a se pronunciar sobre a estrutura fundamental e a eventual nulidade do conjunto do processo de *impeachment* até aqui.

No caso Collor, a defesa também fez as duas coisas. Pediu, com sucesso, a ampliação do prazo concedido para manifestação da defesa na Câmara, mas também levantou e perdeu a tese de que a Lei 1.079/50 não estaria mais vigente e deveria ser abandonada na íntegra, o que inviabilizaria o próprio processo de *impeachment*. Por fim, também sem sucesso, alegaram que a decisão final do Senado teria ficado prejudicada após Collor renunciar à Presidência.

---

1   Artigo publicado no JOTA em 12 de maio de 2016.
2   RECONDO, Felipe. *Leia íntegra do roteiro do STF para impeachment de Collor.* Publicado em JOTA em 12 dez. 2015. Disponível em: <https://goo.gl/mmVSzw>. Acesso em: 27 jun. 2017.

Recentemente, a defesa de Dilma levou a estratégia de contestação geral ao máximo. Há dois dias, a AGU pediu ao tribunal que anulasse todo o procedimento desde o recebimento da denúncia. Argumentava-se que, ao afastar Eduardo Cunha de suas funções, o Supremo teria reconhecido implicitamente que o deputado tampouco poderia ter iniciado e presidido o processo de *impeachment*. A liminar foi negada pelo ministro Teori Zavascki[3] poucas horas antes de o Senado começar a sessão.

É justamente esse tipo de contestação geral que tende a perder espaço daqui para frente. O conteúdo e o *timing* da decisão liminar de Zavascki já sinalizam os principais aspectos dessa mudança de cenário. Primeiro, duas casas legislativas já se pronunciaram, ainda que o Senado ainda não tenha de fato decidido. Quanto mais pronunciamentos do Plenário das casas legislativas, mais difícil e custosa ficará a intervenção judicial. Vale notar que o Supremo já anulou o processo em curso, ainda em dezembro, quando determinou que a escolha da Comissão Especial fosse completamente refeita pela Câmara. Mas intervir no decorrer do processo é, comparativamente, menos drástico do que anular essas votações ex *post*, em torno das quais houve grande mobilização e atenção pública.

Segundo, até aqui o principal combustível das contestações gerais tem sido Eduardo Cunha e sua condução ao processo. Cunha só foi afastado pelo Supremo agora, mas, em sua liminar, o ministro Teori Zavascki observa que, no fundo, o tribunal já enfrentara – e rejeitara – a alegação de que, por conta de suas motivações políticas, o deputado não poderia presidir o *impeachment*. Em dezembro, os ministros rejeitaram por unanimidade a tese de que a motivação política de Cunha, por si só, viciaria o recebimento da denúncia e o procedimento dali em diante. O decisivo não é a motivação de Cunha e outros parlamentares – que teria sempre um lado político – mas sim a obediência objetiva às regras constitucionais e legais. O fator Cunha, que fornecia munição para a defesa de Dilma até aqui, perde força.

Nada disso indica que a defesa de Dilma vá parar de fazer contestações gerais. Em conflitos políticos, recorre-se ao Judiciário por razões que vão muito além de ganhar no mérito.[4] Mesmo quando a chance

---

3   SCOCUGLIA, Livia. *Teori Zavascki impede anulação do processo de impeachment de Dilma.* Publicado em JOTA em 11 maio 2016. Disponível em: <https://goo.gl/g4GPeM>. Acesso em: 27 jun. 2017.

4   TAYLOR, Matthew. *Judging Policy:* courts and policy in democratic Brazil. Stanford University Press, 2008.

de reverter uma derrota política é quase zero, como no MS de ontem, judicializa-se uma questão para atrasar uma decisão, para deslegitimá-la perante a nação ou ainda para firmar uma posição pública. Objetivos muito importantes para Dilma, em qualquer cenário – inclusive mesmo após o julgamento final do Senado.

33

LIRA, LEWANDOWSKI E A DEFESA DE DILMA: SUPREMO FOI DECISIVO SEM DECIDIR

Diego Werneck Arguelhes[1]

O ministro Lewandowski negou ontem a liminar, pedida pela defesa de Dilma, para garantir à presidente o mesmo prazo que Collor teve para apresentar alegações finais. Pouco depois, porém, o presidente da Comissão do *impeachment* no Senado, senador Raimundo Lira, anunciou um recuo: Dilma teria, sim, o mesmo prazo de Collor.

Mas por que recuar, se Lewandowski havia negado a liminar e deixado o processo seguir? Na verdade, o passo atrás de Lira e a decisão de Lewandowski estão diretamente ligados. Se foi um cálculo de vantagens políticas que levou Lira a reduzir o prazo de Dilma, foi certamente um cálculo de risco jurídico que o fez recuar. Recuou para evitar o movimento desfavorável dos próximos jogadores – primeiro o ministro Lewandowski, e posteriormente o próprio Supremo. Esse tipo de antecipação estratégica é comum no jogo da separação de poderes. Em especial, no nosso altamente judicializado processo de *impeachment*, é comum ver políticos tentando agir de modo a minimizar espaços para atuação do Supremo.

A ameaça judicial já se mostrou crível. O Supremo já havia sinalizado, em dezembro, disposição para bloquear tentativas políticas de acelerar o processo sem respeito às regras do jogo. Anulou completamente a eleição da Comissão Especial que havia ocorrido sob a batuta de Eduardo Cunha e, com isso, jogou todo o processo de volta à estaca zero. Entretanto, nem sempre o tribunal aceitou os argumentos da defesa de Dilma. Às vezes, os ministros se recusaram a intervir e mandar voltar o processo. Não concordaram, por exemplo, que teria havido cerceamento do direito de defesa na votação final da Câmara.

O que teria então levado o senador Lira a enxergar neste caso específico um risco concreto de intervenção judicial? É preciso ler as mensagens que os ministros mandam – na imprensa, em comentários laterais em palestras e discursos e, no caso, na fundamentação de suas decisões.

---

1 Artigo publicado no JOTA em 07 de junho de 2016.

O *resultado* da liminar de Lewandowski foi negativo, mas a motivação da decisão mostra vigilância, e não simples deferência, por parte do ministro. Lewandowski negou a liminar por considerar que não havia "perigo na demora": ainda falta tempo para que o prazo para alegações finais comece a correr, e até lá não há dano concreto no anúncio da futura redução de prazo. Contudo, a decisão é repleta de condicionantes temporais. Diz o ministro: não há "neste momento processual" risco para a defesa; "por ora", sem um exame aprofundado, a posição da Comissão parece razoável; tudo isso, porém, "sem prejuízo do exame exauriente da matéria no tempo e no foro apropriados". Leia-se: o tempo apropriado virá quando chegar o momento das alegações finais. O "foro apropriado", por sua vez, incluiria o próprio Supremo.

Ou seja, se, até o momento das alegações finais, o próprio Senado não tiver reestabelecido o prazo adotado no caso Collor, a questão voltará. E a posição de Lewandowski pode então ser completamente oposta. Mais ainda, considerando que a redução de prazo para Dilma é um claro casuísmo, é muito provável que a interpretação da comissão seja rejeitada no Supremo.

A decisão negativa de Lewandowski, portanto, não foi um sinal verde. Foi um sinal amarelo, com todo o peso potencial de uma intervenção do próprio Supremo. O fato de que o senador Lira mudou de posição acerca de uma hora após o anúncio da decisão de Lewandowski só reforça essa interpretação.

Idas e vindas no Senado que aparentemente se anulam, mediadas por uma decisão judicial negativa. O saldo desses três movimentos é diferente de zero: o resultado final é exercício indireto de poder do Supremo, que fica visível se lermos a decisão de Lewandowski como um sinal em um jogo de interações estratégicas.

34

A MODA DO *IMPEACHMENT*

Ivar A. Hartmann[1]

A ferramenta do *impeachment* era prejudicada porque os atores controlados não acreditavam que pudesse realmente vir a ser usada, mas os pedidos de *impeachment* dos últimos meses podem estar mudando isso.

Não é apenas o processo contra Dilma Rousseff. O procurador-geral da República, assim como a presidente, não pode acreditar-se acima da lei durante seu mandato. A Constituição prevê que ele também seja julgado pelo Senado por crime de responsabilidade. Renan Calheiros atualmente tem em mãos uma de várias denúncias feitas contra Rodrigo Janot.

Da mesma forma os ministros do Supremo, o problema é que nunca houve *impeachment* de ministro do Supremo na história. Mesmo os pedidos eram raríssimos até há pouco. Isso a despeito de claras e constantes violações da lei da magistratura quando os ministros falam publicamente sobre processos que depois irão julgar. Nos últimos meses, porém, foram feitas denúncias contra Marco Aurélio e Luiz Fux.

Mesmo tendo sido rejeitadas sumariamente, elas abriram espaço para a discussão daquilo que um ministro do Supremo pode e não pode fazer. Mais denúncias garantem que a análise das condutas se mantenha na pauta do dia, e que o *impeachment* funcione como uma espada que pende sempre sobre a cabeça daquele que viola a lei. A análise dos pedidos de *impeachment* e as razões dadas para sua rejeição pelo Senado também são essenciais. Os pedidos sem qualquer fundamento devem de fato ser sumariamente rejeitados, como fez Calheiros com vários contra Janot e um contra Marco Aurélio.

A denúncia mais recente contra Janot exige que ele houvesse pedido a prisão de integrantes petistas do governo afastado assim como pediu a prisão de Romero Jucá, José Sarney e do próprio Calheiros, mas o mérito de decisões de Janot sobre pedido de prisão, abertura de inquérito e de processo criminal não podem ser motivo para *impeachment*. A função do procurador-geral é exatamente realizar essas escolhas. Calheiros já afirmou que irá receber um dos pedidos por estar descontente com a atuação de Janot. Levanta suspeitas de retaliação pessoal direta em razão da atuação firme e destemida do Procurador-Geral até aqui. Ele toma

---

1   Artigo publicado no JOTA em 20 de junho de 2016.

as medidas penais que acredita necessárias mesmo quando se trata de políticos poderosos como o presidente do Senado.

Totalmente infundado também o pedido de *impeachment* do ministro Marco Aurélio. A base era o mérito de sua decisão determinando a abertura de processo de *impeachment* contra Michel Temer. A função de ministros do Supremo é precisamente enfrentar essas questões. O fato de que a decisão está totalmente desconectada da jurisprudência do tribunal não importa. Caso contrário, teríamos o presidente do Senado como instância que revisa decisões do Supremo.

Já a discussão sobre o *impeachment* em casos como o do ministro Fux é necessária. O motivo da denúncia não era o fato de ter ordenado liminarmente o auxílio moradia para juízes de todo o país, criando despesa de 1,25 bilhão para os cofres públicos sem previsão legal.

Segundo a lei, a atuação de ministros do Supremo pode ser enquadrada nos dispositivos de violação da responsabilidade fiscal. A liminar de Fux não é muito diferente das pedaladas fiscais de Dilma. Mas não cabe avaliar no mérito a decisão. O problema é que Fux impede há quase dois anos que seus colegas no plenário decidam se mantêm ou cassam a liminar. A decisão de Marco Aurélio foi teratológica, mas o ministro liberou o processo para o plenário 40 dias depois. Decidir bem ou decidir mal faz parte do exercício regular do cargo de ministro do Supremo, mas impedir que suas decisões sejam examinadas pelo plenário definitivamente não faz parte.

No caso de agentes judiciais como o Procurador-Geral da República e dos ministros do Supremo, o *impeachment* não é sobre controle de decisões substantivas. É sobre controle de comportamentos esperados. O debate sobre os limites desses comportamentos é vital para qualquer democracia, mas torna-se irrelevante quando a sociedade e, acima de tudo, os próprios ocupantes dos cargos acreditam que o *impeachment* é letra morta na Constituição. Será muito bom se a moda do *impeachment* pegar!

35

UM JUIZ NO SENADO: MEMÓRIAS DE SIDNEY SANCHES NO *IMPEACHMENT* DE COLLOR

Pedro Cantisano[1]

Em seu depoimento ao projeto História Oral do Supremo, da FGV, o ministro Sydney Sanches se diverte ao lembrar de sua popularidade durante o processo de *impeachment* de Fernando Collor, em 1992. Reconhecido nas ruas, foi procurado informalmente por estudantes na porta de casa, perseguido incansavelmente por jornalistas e até convidado, por três partidos diferentes, a ser candidato – "de vereador a presidente da República".

Mesmo antes de assumir a presidência do processo no Senado, como manda a Constituição, o *impeachment* já vinha dando muito trabalho a Sanches. No final de setembro, em decisão inédita, mandara abrir para televisionamento a sessão do Supremo que assegurou a Collor um prazo estendido para manifestar-se perante a Câmara do Deputados. Poucos dias antes, dissera aos jornais que a corte não desprezaria a opinião pública.

Chegando ao Senado, senadores contestaram sua legitimidade. Afinal, não havia sido eleito. Em resposta, Sanches deixou claro que os ministros do Supremo e seu papel de protagonista no processo de *impeachment* eram legitimados pela Constituição e pela pretendida imparcialidade: "Eu suponho que a Constituição de 88 tenha preferido um magistrado, que é apartidário, isento nas suas decisões, neutro".

Na atuação como presidente do processo de *impeachment*, Sanches destaca dois momentos. Para tentar protelar a decisão, Collor demitiu seus advogados e pediu adiamento da sessão de julgamento no Senado. A lua-de-mel de Sanches com a imprensa se abalou quando o ministro aprovou o adiamento. Segundo ele, a lei era clara. Entretanto, para evitar novas complicações, ligou para Inocêncio Mártires Coelho, perguntando se aceitaria ser advogado dativo do presidente afastado. A estratégia era fazer o julgamento continuar, mesmo se Collor não nomeasse novo advogado. O ex-presidente acabou o fazendo, mas, até hoje, Sanches se orgulha da escolha. Durante a defesa, segundo ele, o novo advogado estava tão inseguro que chegou a pedir a ajuda de Coelho.

---

1   Artigo publicado no JOTA em 21 de junho de 2016.

O segundo momento foi mais crítico. Como última cartada, Collor renunciou à presidência, esperando livrar-se da pena de inelegibilidade. A questão era se o processo deveria ser extinto. Para explicar seus passos, Sanches faz uma analogia com o funcionamento do próprio Supremo: "Porque no Supremo, por exemplo, quando [...] recebe uma denúncia contra alguém, [...] só o plenário pode pôr fim ao processo, e não o relator". Portanto, determinou que os senadores discutissem entre si, como o plenário de um tribunal, se continuariam julgando o agora ex-presidente.

Mesmo entendendo que não poderia extinguir o processo sozinho, Sanches interferiu na decisão. Ao mandar que os senadores deliberassem, o presidente do Supremo não concedeu a palavra a ninguém antes que a decisão fosse tomada, e explicou que, de acordo com a doutrina, a pena de inelegibilidade poderia ser considerada acessória da pena de perda de mandato ou autônoma. Se acessória, o processo deveria ser arquivado; se fosse considerada autônoma, poderia prosseguir. O julgamento do *impeachment* pode ser político, como o próprio ministro admite, mas, ao expor correntes doutrinárias e jurisprudenciais aos senadores, Sanches lhes forneceu tanto um quadro analítico para refletir e debater, quanto um suporte jurídico para justificar suas decisões.

Depois de explicar os caminhos jurídicos aos senadores, Sanches interrompeu a sessão. Em uma conversa particular, teve que convencer Itamar Franco a tomar posse. Era uma sexta-feira, já no final de dezembro, e o vice-presidente pretendia fazê-lo apenas na segunda. "O senhor vai se arriscar?" – ponderou Sanches. Era o início da Nova República, logo após a transição da Ditadura Militar. Para o presidente do Supremo, não poderia haver dúvidas quanto a quem estava no poder. O risco de retrocesso era grande.

Entre ações estratégicas para evitar protelações, como a nomeação do advogado dativo, instruções jurídicas para informar as decisões do Senado, como no caso da pena de inelegibilidade, e decisões críticas, como a de dar posse a Itamar imediatamente, Sanches sabia que não estava sozinho. Em uma conversa com representantes da OAB, o ministro confessou: "E, se eu fizer alguma coisa de errado, o senhor pode ter certeza de que o Supremo corrige. Então, fique tranquilo". Será que a tranquilidade de Sanches se repetiria nos dias de hoje?[2]

---

[2] É possível conferir a íntegra da entrevista concedida pelo ministro Sydney Sanches e demais ministros ao projeto História Oral do Supremo, no *site* História Oral do Supremo: <http://historiaoraldosupremo.fgv.br/>.

36

NADA A TEMER?

Thomaz Pereira[1]

O vice-presidente Michel Temer exerce hoje a Presidência. Seu nome foi mencionado em inquérito[2] da Lava Jato e ele presidiu o PMDB – partido alegadamente envolvido no esquema investigado. Há agora notícias[3] de que Temer poderá aparecer na delação premiada de executivos da Odebrecht. Como equacionar isso com as imunidades constitucionais do presidente da República? O *impeachment* imunizaria Temer da Lava Jato?

Segundo a Constituição, na vigência do mandato, o presidente não pode ser responsabilizado por atos estranhos ao exercício de suas funções. Eventuais denúncias teriam que aguardar o fim do mandato. Quanto aos atos presidenciais, crimes comuns são julgados pelo Supremo, crimes de responsabilidade pelo Senado. Mas, em ambos os casos, o processamento requer autorização da Câmara.

E Temer? No momento, Temer ainda é vice-presidente. Esse é o seu cargo. Com isso, não tem ainda imunidades presidenciais. Pode ser denunciado na Câmara por crime de responsabilidade por qualquer cidadão – como já foi. Mas pode também ser processado por fatos anteriores ao seu mandato e estranhos às suas funções. O foro é o Supremo. E, ao contrário do presidente da República, a denúncia no Supremo não exige autorização dos deputados. Depende apenas do procurador--geral da República e do tribunal. Caso haja indícios suficientes para fundamentar uma denúncia, o período de interinidade de Temer é uma janela importante para atuação dessas instituições.

Isso é hoje. O amanhã é mais incerto. Se a presidente Dilma Rousseff for condenada pelo Senado, o quadro muda. E a data para o julgamento final pelo Senado se aproxima. Temer deixaria de ser interino, assumindo o cargo de presidente. Estaria então imunizado?

---

1   Artigo publicado no JOTA em 09 de agosto de 2016.
2   G1. *Inquérito da Lava Jato: Teori autoriza incluir citação a Dilma, Temer e Lula*. Publicado em 20 abr. 2016. Disponível em: <https://goo.gl/esup2m>. Acesso em: 27 jun. 2017.
3   FOLHA DE SÃO PAULO. *Odebrecht delatará doação via caixa 2 após pedido de Temer, afirma revista*. Publicado em 06 ago. 2016. Disponível em: <https://goo.gl/AR3Pty>. Acesso em: 05 jun. 2017.

A responsabilidade vem da função, a imunidade vem do cargo. Esse é o princípio que deveria guiar qualquer resposta. Quanto aos crimes comuns, no cargo, Temer de fato estaria temporariamente imune quanto aos atos alheios às suas funções – mas apenas esses. A imunidade vem do cargo, mas qual a sua extensão? Quais atos são ou não relativos às funções de presidente? No limite, caberá ao Supremo responder também essa pergunta.

Restaria a via dos crimes de responsabilidade. Os decretos assinados por Temer, enquanto vice, foram feitos na função de presidente. Vice não assina decretos. Apenas o presidente – no caso, em exercício – o faz. Ou seja, a função exercida por Temer era a mesma, antes e depois do afastamento de Dilma. Mesmo se presidente, Temer ainda poderia sofrer *impeachment* por atos cometidos no cargo de vice, mas na função presidencial. Afinal, a responsabilidade vem da função.

Mas esses dois caminhos são complexos, incertos e, uma vez que haja a confirmação no cargo de presidente, esbarram na necessidade de autorização da Câmara. Pela dificuldade, só seriam seguidos caso fossem os únicos disponíveis. Afinal, diante da alegada conexão entre Lava Jato e financiamento eleitoral, a cassação da chapa e convocação de novas eleições seria via muito mais fácil do que o *impeachment* ou processar um presidente por crime comum. Mas, quanto a isso, a palavra está com o TSE e, até o momento, seu silêncio é retumbante.

37

O JULGAMENTO DE DILMA: DEBATES NO SENADO, DE OLHO NO SUPREMO

Diego Werneck Arguelhes[1]

Defensores e opositores de Dilma já sabem que o placar no Senado está praticamente dado – pela condenação. A estratégia do governo de Temer fora do Congresso, aliás, tem sido típica de quem já sabe estar na frente. Em vez de enfrentamento direto, o silêncio e a pressão para que termine rápido. Qual a razão, então, para as mais de 500 páginas de alegações finais de Dilma? Se dificilmente mudarão o placar esperado nos próximos dias, o que ainda está em jogo no Senado?

Por trás das 500 páginas, há tanto esperança, quanto estratégia. Há mais em jogo do que a absolvição ou condenação formal. Daqui para frente, a defesa tem outras e mais amplas audiências.

Há o debate público mais amplo em curso sobre a narrativa em torno dos eventos dos últimos meses. Foi ou não um processo legal, ainda que controverso na sua substância? As garantias processuais de Dilma foram respeitadas, ou atropeladas? O placar no Senado não vai concluir as interpretações públicas dos eventos.

Mais importante no curto prazo, porém, é a discussão que se aproxima no Supremo. É certo que a defesa de Dilma recorrerá ao Supremo tão logo os senadores concluam sua votação. A chance de reverter a condenação pelo Senado é baixa, mas não é esse o único objetivo do futuro recurso.

Judicializar a condenação, por si só, pode atrasar o fim do processo, abrindo algum espaço para mudanças no cenário político. Mais ainda, qualquer voto vencido de ministro do Supremo nesse caso será poderoso combustível em prol da narrativa mais ampla de Dilma: foi derrotada, mas fora das regras, segundo um ou mais ministros.

A verdadeira briga judicial, portanto, não é tanto para vencer, mas para dividir minimamente o tribunal e conquistar ao menos um voto. Caso a questão seja levada para esferas internacionais, uma decisão final do Supremo é necessária para indicar que todos os meios nacionais foram esgotados.

---

1   Artigo publicado no JOTA em 26 de agosto de 2016.

E, caso um órgão como a Comissão Interamericana de Direitos Humanos[2] seja acionado, contar com um voto vencido no tribunal máximo do país será um recurso precioso.

É nesses *fronts* e nessas múltiplas audiências que as manifestações da defesa de Dilma daqui para frente se revelam como esperança e como estratégia. Estratégia de registro escrito de todos os vícios e irregularidades que a defesa de Dilma vê no processo de *impeachment*. As alegações finais e os argumentos dos senadores pró-Dilma podem ser lidos como um mapa detalhado do que será levantado junto ao Supremo.

Alguns desses argumentos já foram discutidos e rechaçados pelos Ministros nos últimos meses; é o caso da tese que a condução do deputado Eduardo Cunha, inimigo político de Dilma, teria viciado todo o procedimento. O fato de que a defesa insiste em pontos já derrotados só mostra como o registro formal desses argumentos é importante em si, qualquer que seja seu potencial de persuadir o Supremo. Mas há também alguns pontos novos. A senadora Vanessa Grazziotin (PC do B – AM), invocou a recente decisão do Supremo sobre a competência das Câmaras Municipais, e não dos tribunais de contas, para julgar as contas dos prefeitos. Argumentou que, com isso, o Congresso também deveria discutir as contas de Dilma antes de qualquer decisão sobre *impeachment*. Essa e várias outras objeções feitas nesta quinta-feira tangenciam, na prática, o mérito da decisão do Senado. Por isso mesmo, não foram aceitas como questões de ordem pelo ministro Lewandowski. Mas certamente serão levadas ao Supremo.

Por trás dessas estratégias, a esperança de que, no eventual silêncio do Senado sobre essas questões, seu lado saia fortalecido, tanto no caminho da judicialização, quanto na disputa pela narrativa. Se houve argumentos de defesa quanto a fatos e vícios de procedimentos, por que foram ignorados pelos Senadores? Mesmo que os debates no Senado não mudem o placar, tudo que ocorrer agora pode influenciar o voto de ao menos alguns ministros do Supremo e fortalecer a narrativa pública e a mobilização internacional de Dilma Rousseff.

---

2   FELLET, João. *Quais as chances de Dilma conseguir anular o impeachment na OEA?* Publicado em BBC Brasil em 15 ago. 2016. Disponível em: <https://goo.gl/r25BFp>. Acesso em: 27 jun. 2017.

38

NEM JUIZ, NEM SENADOR: LEWANDOWSKI E A DUPLA VOTAÇÃO NO JULGAMENTO DE DILMA

Diego Werneck Arguelhes[1]

Atendendo a requerimento de senadores da bancada do PT, o ministro Lewandowski determinou que a votação do *impeachment* seria dupla: primeiro, se Dilma perderia o cargo. Segundo, se seria inabilitada para funções públicas. Contudo, esse procedimento contrariava duas manifestações do Supremo sobre a questão – em uma das decisões no caso Collor, em 1992, e na decisão de dezembro de 2015 sobre o rito do *impeachment* de Dilma.[2]

Qual a autoridade de Lewandowski para determinar essa votação dupla? Segundo o ministro, não teria realmente havido, em 1992, uma decisão do Supremo no caso Collor. Como houve empate entre os ministros e foi necessário convocar ministros do STJ para desempatar, Lewandowski considerou não estar claro se a questão teria sido de fato resolvida pelo Supremo.

Contudo, essa visão do caso Collor como um não-precedente não foi mencionada pelo ministro quando votou no rito do *impeachment* em dezembro de 2015. Se, nesse espaço de tempo, descobriu um argumento novo que o levaria a repensar completamente sua posição, o espaço legítimo para avançar essa drástica mudança seria o plenário do Supremo, não o julgamento no Senado. São papéis completamente distintos, como ressaltou o próprio Lewandowski ao enfatizar que não falava ali como juiz constitucional e não exercia função decisória judicial.

E quanto à autoridade de Lewandowski como presidente do julgamento no Senado? Mesmo aqui, Lewandowski não poderia, nem deveria, ter resolvido a questão sozinho. Segundo o Regimento Interno do Senado, um destaque apresentado pela bancada com aquele número de senadores deve ter aprovação automática, sem passar pelo plenário. Havia, porém, uma controvérsia constitucional séria em jogo. Um dis-

---

1 Artigo publicado no JOTA em 01 de setembro de 2016.
2 RECONDO, Felipe. *Collor X Dilma: Ritos parecidos, condenações diferentes.* Publicado em JOTA em 31 ago. 2016. Disponível em: <https://goo.gl/SLo1ae>. Acesso em: 27 jun. 2017.

positivo regimental não pode permitir que a vontade de uma minoria de senadores seja suficiente para reformar a constituição. Não estava em jogo ali um típico processo legislativo, mas sim um julgamento de *impeachment* estruturado por regras constitucionais já interpretadas pelo Supremo em ao menos duas decisões.

O senador Aloysio Nunes questionou, no plenário, que pudessem ser aplicadas ao *impeachment* as regras para apresentação de destaques típicas de discussões legislativas normais, observando que o produto do julgamento é uma sentença, não um projeto de texto normativo. Lewandowski contra-argumentou – com base no glossário do Senado – que mesmo essa decisão dos senadores é um tipo de proposição legislativa, e aplicou as regras regimentais.

Havia, portanto, uma controvérsia mínima no plenário sobre como proceder. E uma (re)interpretação de uma cláusula constitucional expressa sobre o processo de *impeachment* não pode ficar a cargo de uma minoria de senadores. Independentemente do que diga o regimento, uma tese tão controversa, em momento tão delicado, e contra decisões anteriores do Supremo deveria ter sido submetida ao plenário.

Esse caminho já seria um desvio do caso Collor, mas poderia ser defendido como expressão de deferência aos atores políticos, na linha do que defendeu, em voto vencido no próprio caso Collor, o ministro Paulo Brossard.[3] Não foi o caso. Não foi o Senado que decidiu votar duas vezes. Os senadores votaram duas vezes, contramanifestações passadas do Supremo, porque assim decidiu o presidente Lewandowski.

Nem se pode dizer que Lewandowski tenha sido surpreendido pelo requerimento. Tinha em mãos várias páginas com seu argumento pronto, da desconstrução do caso Collor como precedente a porque o regimento permitirá a aprovação do requerimento sem decisão do plenário. Havia preparado argumentos para justificar uma decisão sua, como presidente, que passava ao largo tanto de precedentes do Supremo, quanto do plenário do Senado. Nem juiz, nem senador – mas decidindo sozinho, e usurpando autoridade de ambos os lados, uma das mais importantes questões constitucionais levantadas nesse processo.

Com sua decisão, Lewandowski acabou respondendo uma outra pergunta que há muito está no ar. O processo acaba com a condenação pelo

---

3   ARGUELHES, Diego W.; RECONDO, Felipe. *Impeachment: a maldição de Paulo Brossard*. Publicado em JOTA em 07 abr. 2016. Disponível em: <https://goo.gl/Tu9L4G>. Acesso em: 27 jun. 2017.

Senado? Não. Ainda resta o Supremo. Foi o que deixou claro o ministro, quando disse que nada do que fazia ali o impediria de votar, sobre essas mesmas questões, como juiz constitucional na decisão futura do Supremo. Com isso, anuncia sua decisão de participar desse julgamento futuro. E, com a drástica mudança de interpretação constitucional que encampou, cria uma inevitável controvérsia a ser judicializada no futuro próximo.

De volta ao Supremo, porém, o jogo muda. Talvez para não atrasar mais o fim do julgamento, uma maioria de senadores pode ter tolerado essa tomada de poder do plenário da casa por parte de seu presidente em exercício. No Supremo, vai ser diferente. Nenhuma posição individual de Lewandowski sobre o *impeachment* poderá prevalecer se não ganhar mais cinco votos.

39

LEWANDOWSKI PLANTOU A DÚVIDA

Joaquim Falcão[1]

O país esperava que a decisão a favor ou contra a permanência de Dilma Rousseff trouxesse de volta estabilidade política, econômica e segurança jurídica. Não foi o que aconteceu. O Senado tomou decisão atípica, que pode acarretar a quebra de harmonia entre poderes, e dos poderes com a sociedade, mas como?

Tudo começou com a solitária decisão do ministro Lewandowski. Dividiu o julgamento em dois: perda de mandato e perda dos direitos políticos. Poderia ter tomado esta decisão sozinho? Ou teria que ser do plenário? Esta é claramente uma decisão polêmica. E de gravidade institucional. O importante, porém, é que, ao tomar a decisão sozinho, Lewandowski optou por plantar a dúvida, que não existiria se fosse o plenário a decidir.

E a oposição a Dilma, na euforia da vitória, não percebeu, ou não conseguiu impedir, a implantação da futura incerteza. A partir da manutenção dos direitos políticos, ela pode voltar a se candidatar a presidente em 2018. A decisão do Senado parece a convocação antecipada de um plebiscito para 2018. Dilma sim, ou Dilma não. Se o PT deixar.

A decisão abre precedente que beneficiaria Eduardo Cunha? Foi, aliás, com pretensão de voltar a se candidatar que Collor renunciou minutos antes de ser impedido. E Renan Calheiros, como presidente do Senado. O que agora está proibido pela Lei da Ficha Limpa. Poderá a Câmara, porém, inovar: cassar e manter os direitos políticos?

A estratégia é óbvia. Se o *impeachment* ou a cassação são inevitáveis, salvem-se os direitos políticos. Certo mesmo hoje é que se volta ao Supremo. A classe política parece viciada em Supremo. Cria situações em que transfere seu poder decisório para os ministros da Corte. Ninguém pode dizer qual será a decisão do Supremo. Ela é, por natureza, incerta. É justamente na gestão da incerteza política, ou A ou B, que reside seu poder.

O Supremo assim se aumenta. Ele é hoje o gestor das incertezas nacionais. Até quando? Isto tem limites? O bom senso sugere que as instituições tomem decisões que colaborem para a manutenção de seu

---

1 Artigo publicado no O *Globo* em 02 de setembro de 2016.

próprio poder. Dificilmente o Supremo tomará decisão que anule o impedimento de Dilma, que faça da eventual cassação ou condenação de Cunha apenas um intervalo. Colocaria em dúvida sua própria legitimidade. É ônus pesado demais, mas ninguém garante o bom senso.

**O JULGAMENTO NO TRIBUNAL
SUPERIOR ELEITORAL**

O fim do processo de *impeachment* não impediu o prosseguimento do processo instaurado no Tribunal Superior Eleitoral, em que o PSDB acusava a chapa de Dilma e Temer de suposto abuso de poder econômico e político na campanha presidencial de 2014. Mesmo após a saída de Dilma, o TSE continuou analisando a questão. Três anos após a propositura da ação, o Tribunal finalizou o julgamento do caso em junho de 2017 e, por uma apertada margem de um voto, inocentou a chapa vencedora.

As principais questões que dividiram os ministros durante todo o julgamento diziam respeito aos limites dos pedidos elaborados na petição inicial. Como muitos dos fatos revelados na Lava Jato só vieram à tona meses depois de o PSDB propor a ação, quais provas deveriam ser consideradas durante o julgamento? Para quatro dos três ministros, as provas obtidas durante a operação – em especial as delações premiadas de Marcelo Odebrecht, João Santana e Mônica Moura – excederam os pedidos do PSDB.

A decisão do TSE ocorreu à sombra do *impeachment* de Dilma. Seria possível uma separação das contas e, consequentemente, das acusações da chapa Dilma-Temer? Como atores-chave dentro do processo do TSE mudaram de posição ao longo do ano anterior, após a saída de Dilma? Como a conjuntura política, com muitos atores com papéis trocados, afetaria o peso dos fatos e dos argumentos jurídicos com relação ao ano anterior? Essas e outras questões colocaram dúvidas sobre o próprio papel do TSE – e a sua capacidade de exercê-lo em tempo hábil.

Se o *impeachment* testou a compreensão sobre o desenho constitucional brasileiro impor às instituições políticas que levassem em conta argumentos estritamente jurídicos, o processo de cassação no TSE se mostrou o seu reverso. Nele uma instituição tipicamente jurídica, mas constitutivamente permeável a política, debatia até que ponto o direito as impedia de tomar a solução política que a nação parecia demandar e até que ponto argumentos políticos deveriam influenciar a decisão jurídica que o TSE dizia tomar.

O *impeachment* testou a compreensão do desenho constitucional quando impôs as instituições políticas os argumentos exclusivamente jurídicos. O processo de cassação no TSE se mostrou o reverso? O TSE se apresentou como uma instituição tipicamente jurídica maleável as pressões políticas? Durante o julgamento os ministros debateram como o direito impedia uma solução política aparentemente demandada pela sociedade e até que ponto os argumentos políticos devem influenciar a decisão jurídica do tribunal eleitoral.

A decisão do TSE, assim como a do próprio Senado no caso do julgamento de Dilma, não foi exatamente um ponto final quanto a esses e outros dilemas políticos e institucionais vividos pelo país. Ao contrário, gerou novos conflitos e abriu novos caminhos para o Supremo voltar ao centro da crise. Primeiro, a decisão de não-cassação produziu recursos de diferentes atores junto ao tribunal. Segundo, a crise política permanece e ameaça o governo Temer por outros meios que não o TSE, e que envolvem o Supremo. A não-cassação abre espaço para uma provável denúncia, por parte do Procurador-Geral da República, contra o Presidente Temer – e talvez para um novo processo de *impeachment*. E, após o vazamento de áudios que comprometem sua idoneidade, citações em delações, no mês de maio a câmara totalizava quartoze pedidos de *impeachment* contra Temer.

O que esperar do Supremo nessa nova rodada de instabilidade? O tribunal manterá posicionamentos anteriores sobre o procedimento de *impeachment*, os poderes do TSE e a responsabilidade do Presidente no cargo – ou a passagem do tempo, a mudança da conjuntura e a nova composição farão os ministros revisitarem questões já decididas? O Supremo deveria tentar protagonizar os espaços políticos tradicionalmente ocupados pelos outros poderes, ou melhor seria mostrar deferência às decisões adotadas pelo Executivo e pelo Legislativo?

40
DILMA E TEMER NO TSE: UNIDOS PARA SEMPRE

Silvana Batini[1]

Michel Temer pretende se desligar de Dilma nas ações em curso no TSE. Quais as chances de isso acontecer? Primeiro, é importante esclarecer que, juridicamente, o destino de Dilma no *impeachment* não determina o destino das ações no TSE. Caso a presidente venha a sofrer o *impeachment*, as ações deverão prosseguir, já que restará um provimento útil a ser buscado: a declaração de que a vitória nas eleições de 2014 foi irregular, com as consequências daí decorrentes.

E quais são essas consequências? Elas podem afetar apenas Dilma, mas não seu companheiro de chapa Temer? Aqui, é preciso lembrar do que tratam e para que servem estas ações. Falam de abuso de poder econômico e político supostamente praticados durante a eleição, algo que a Constituição proíbe em nome da normalidade e da legitimidade do pleito. A consequência para quem abusa e vence a eleição é a perda do cargo irregularmente conquistado.

À primeira vista, seria possível interpretar esta perda de cargo como uma sanção, um castigo para quem viola a lei. Pensando assim, seria razoável imaginar que um vice que conseguisse demonstrar sua "inocência" pessoal pudesse ser poupado da consequência legal do abuso – a cassação. Mas não é assim. A perda do cargo não é de fato uma pena ligada à responsabilidade pessoal do autor do fato.

Quando a justiça eleitoral reconhece que houve um abuso sério e grave, ela admite que o resultado da eleição não foi legítimo e, portanto, não pode ser validado. O efeito central desta decisão é a anulação dos votos conferidos à chapa e, consequentemente, a perda do diploma de vencedora. É um juízo sobre se as regras da competição foram respeitadas ou não e não sobre de quem é a culpa. É por isto que não faz sentido separar o destino do titular em relação ao vice da chapa. Os votos conferidos a um são os mesmos conferidos a outro. E, se a eleição foi ganha de forma anormal e ilegítima, em nada aproveita o vice clamar pessoalmente por inocência ou ignorância – da mesma forma, aliás, que não é preciso provar a responsabilidade pessoal de Dilma pelas irregularidades para que se configure a violação das regras eleitorais.

---

1 Artigo publicado no JOTA em 25 de abril de 2016.

O afastamento do titular da chapa por questões alheias à justiça eleitoral – morte, renúncia ou *impeachment* – não tem o condão de restabelecer a legitimidade de uma eleição que tenha sido ganha – também pelo vice– com recursos abusivos. O que está em jogo é a restauração da soberania popular, o que, como a própria lei dispõe, só se dá com novas eleições. Não é direito penal, que exige a demonstração do dolo ou da culpa. É direito eleitoral e o que está em jogo é a autenticidade do resultado das urnas.

O próprio TSE vem reconhecendo a natureza indissociável da chapa desde 2008, quando estabeleceu que os vices devem obrigatoriamente ser citados como réus nas ações eleitorais, já que serão inexoravelmente atingidos pelos efeitos da decisão sobre o destino da chapa. Mas, dentre as consequências jurídicas do abuso nas eleições, há uma que de fato tem caráter individual e poderia, em tese, estar associada à responsabilidade subjetiva do agente: a inelegibilidade por 8 anos. Ou seja, apenas com relação a esse efeito seria possível separar Dilma e Temer de acordo com a conduta individual de cada um nas irregularidades. Mesmo assim, isso exigiria rever a posição atual do Supremo, no sentido de que também não se trata aqui de pena, mas de critério de elegibilidade que o legislador infraconstitucional tem liberdade para estabelecer.

É claro que existe a chance de o TSE mudar sua jurisprudência e, a pretexto de uma desejável estabilidade e segurança institucional – evitar o agravamento da crise, por exemplo –, buscar uma solução que separe a titular de seu vice. Mas seria uma decisão claramente heterodoxa e com efeitos para o futuro, que estabeleceria um precedente sério e generalizável a partir de uma situação política muito específica. Certamente o Supremo seria chamado a intervir.

Neste ano teremos eleições municipais. O que valer para a chapa Dilma-Temer, terá que valer, daqui para frente, para todos os prefeitos e governadores. Para o bem e para o mal.

41

A PERGUNTA É: HÁ SAÍDA PARA MICHEL TEMER NO TSE?

Silvana Batini[1]

A grave crise econômica e a instabilidade política, constantemente abalada pelos avanços da Lava Jato, tem gerado uma defesa da manutenção de Michel Temer, em nome da necessidade estabilidade e da segurança institucional. Afinal, a nação mal se curou do trauma do *impeachment* e sofre as consequências do ajuste econômico. Como o Brasil resistiria a mais um afastamento presidencial?

A questão é política, mas o problema está judicializado. É nos tribunais que se desenrolarão os próximos capítulos desta novela. Quando o PSDB propôs as ações contra a chapa Dilma-Temer, em janeiro de 2015, a Lava Jato engatinhava. Já havia notícias de desvio de verba da Petrobrás para a campanha, mas eram ainda incipientes. Provavelmente os autores das ações não acreditassem, de fato, na possibilidade de êxito. Afinal, o TSE nunca chegara a enfrentar a possibilidade concreta de cassar uma chapa presidencial, e não se sabia então o que ainda viria pela frente.

Quando o TSE decidiu aceitar o ingresso das provas da Lava Jato nas ações que tramitavam contra a chapa Dilma-Temer, o imponderável se tornou incontrolável. Do que se tem notícia, reconhecer que houve abuso de poder econômico e político parece ser inexorável. Recursos de fontes vedadas, despesas irregulares, compra de apoio político e caixa 2 são exemplos clássicos de abuso, consagrados na jurisprudência do TSE. É claro que a jurisprudência pode mudar, mas tanto assim, a ponto de relativizar hipóteses tão claras e em cifras tão altas? Se tais fatos não configurarem abuso de poder econômico, nada talvez configuraria.

Alternativamente, reconhecer o abuso, mas salvar a chapa por não considerá-lo sério a ponto de comprometer a eleição, seria uma decisão alienada e artificial. A lei da ficha limpa determina expressamente que, para a configuração do abuso, deve-se atentar para a gravidade dos fatos e não para o resultado das urnas. Como não considerar graves fatos apurados no bojo do maior escândalo de corrupção jamais visto no país?

Uma outra alternativa seria cassar Dilma, mas preservar Temer. A ideia de salvar Temer da cassação, apesar de ele ter composto a chapa

---

1   Artigo publicado no JOTA em 04 de abril de 2017.

e ter participado de todo o processo eleitoral, passou a ser defendida em nome da necessidade de se manter a estabilidade institucional e garantir o avanço do ajuste econômico. É um argumento politicamente forte, mas que tem problemas para se legitimar. Ao contrário do *impeachment*, são juízes que terão que decidir este caso e estes não são argumentos jurídicos.

A verdade é que ações eleitorais que examinam a lisura das eleições não deveriam levar tanto tempo para serem julgadas. Estamos no terceiro ano de um mandato conquistado em uma disputa até hoje sob suspeita. Por outro lado, abreviar estes processos ou extingui-los prematuramente privaria o país de enxergar claramente como se fazem eleições no Brasil. O preço que estamos pagando é alto, mas a oportunidade de se discutir nossa realidade e realizar mudanças para o futuro é única.

De mais a mais, o TSE tem histórico de cassações de governadores no terceiro ano de mandato. Foi assim na Paraíba, no Maranhão e no Tocantins, onde os governadores eleitos em 2006 foram cassados em 2009. O argumento da estabilidade política não foi suficiente para salvar seus mandatos. Nos três casos prevaleceu a constatação técnica de que houve abuso e ponto.

O caso presente, obviamente, tem peculiaridades. A maior delas é que se trata da cassação de um presidente. Mas o mais delicado é que a titular já foi cassada politicamente. Importante que se diga que, a despeito do que se descobre dia a dia na Lava Jato, Dilma e Temer não estão sendo pessoalmente julgados no âmbito eleitoral. O que se aguarda do TSE é que se pronuncie sobre a validade das eleições de 2014. O tribunal terá que afirmar se os fatos hoje conhecidos por toda a sociedade turbaram a normalidade das eleições a ponto de retirar a legitimidade de seu resultado. É isto que está em jogo.

Mas há mais. Quando o Supremo julgou o Mensalão – até então, o maior processo penal da história daquela Corte – acabou por firmar critérios de interpretação da lei penal que até hoje são usados, especialmente nos processos da Lava Jato. Fez uma jurisprudência decisiva para o direito penal que veio depois.

No caso do TSE, a importância destas ações contra a chapa Dilma-Temer é semelhante. O julgamento se tornará o mais importante precedente sobre abuso em eleições e servirá de paradigma para todos os juízes eleitorais que hoje estão às voltas com o julgamento das eleições municipais de 2016. Igualmente servirá de norte para os TREs quando vierem a se posicionar sobre as próximas eleições de 2018. Não é pouco.

O julgamento desta semana colocará luzes no nosso passado recente, mas é o futuro de nossa democracia que está em jogo.

42

O TEMPO É A JUSTIÇA

Joaquim Falcão[1]

Cresce cada vez mais a distância entre a esperança da população nas decisões dos tribunais e o desapontamento diante de adiamentos, lentidões e não decisões. Por motivo simples: quando não decide, o tribunal delega esta função primordial da democracia – fazer justiça, condenar ou absolver – a outras instituições. A lei do mais forte ou da negociação de bastidor.

Vejam neste caso. Ao adiar o julgamento sobre a legalidade da chapa Temer e Dilma, o TSE, no fundo, está mantendo a legalidade da chapa sem dizer de alto e bom som. Pode até não dizer, mas a população está escutando.

Pelas previsões de adiamentos, quando for decidir de verdade, corre-se a possibilidade do mandato de Temer já ter terminado, e Dilma já estar concorrendo ao Senado pelo Rio Grande do Sul. Se assim deseja a maioria do TSE, que o diga em alto e bom som e fundamente para que todos conheçam o porquê.

Quando o plenário do Supremo foi impedido de apreciar a nomeação de Lula para ministro-chefe da Casa Civil de Dilma, o tempo passou, e o Congresso votou o *impeachment*. A decisão do plenário do Supremo tornou-se inútil. Enquanto o Supremo não decide sobre os planos econômicos, está protegendo o caixa do Tesouro contra uma decisão adversa. Quando mantém jovens usuários de drogas presos, o Judiciário está retirando os anos de vida deles e fazendo política pública antidrogas. Conscientemente.

Já se disse que o tempo é senhor da razão. Mas, no Brasil, a exacerbação e o jogo processual, com prazos infindáveis, faz do tempo o senhor da Justiça. Faz da Justiça, o exercício do imprevisto, da imprevisibilidade, o reino da insegurança jurídica. Faz da insegurança jurídica, a atual crise econômica e política.

Não se trata, é obvio, e o leitor já percebeu, de ser contra Temer ou Dilma. Não é isto não. Trata-se de algo muito mais grave. Trata-se da autodesconstrução de nossos tribunais por si próprios. Digam claramente à sociedade o que querem. Com direito de defesa assegurado. E em tempo devido. E não em tempo inútil. Não se pede mais do que isto. O desapontamento do eleitor é ver que o tempo decisório, e não os valores constitucionais, é o verdadeiro senhor da Justiça.

---

1 Artigo publicado no *O Globo* em 05 de abril de 2017.

43
ALGUNS CENÁRIOS PODEM SER IMAGINADOS

Joaquim Falcão | Thomaz Pereira[1]

Até ontem se discutia se o presidente Temer poderia ser investigado por atos cometidos antes de assumir o cargo. Hoje, a dúvida perdeu a importância. Se comprovada, a delação da JBS produziu gravações de Temer cometendo atos enquanto presidente, pode ser investigado. E agora? O que acontecerá? Temos antes que ouvir o presidente, mas alguns cenários podem ser imaginados.

O primeiro é o *impeachment*. O de Dilma demorou quase dois anos. O de Collor, três meses. O de Temer já foi pedido hoje. O relógio está correndo. O segundo é a cassação da chapa Dilma-Temer. O processo no TSE recomeça na próxima semana. O terceiro é a renúncia. Esse é o único que depende só de Temer.

Se houver vacância do cargo, a Constituição manda haver eleição indireta pelo Congresso. Aqui se coloca o problema de nosso futuro maior. A situação é inédita. Muito pouco regulada. Os caminhos não são consensuais. Há muitas dúvidas. Quem presidirá o país até então? Como seria esta eleição? Quem poderá se candidatar? Será necessário se desincompatibilizar de cargos para disputar a eleição indireta?

Como ocorreu no *impeachment* de Dilma, quem dirá as regras da escolha do novo presidente será o Supremo, e depois quem escolherá será o Congresso. Aqui reside o problema maior: grande parte dos membros do Executivo e do Congresso estão envolvidos na Lava Jato. Serão eles que escolherão o novo presidente? Mais ainda. Ministro do Supremo pode ser candidato? Eles vão decidir as regras do jogo. Podem depois entrar no campo e querer jogar? O país aceitaria um presidente que foi juiz e jogador ao mesmo tempo? Ou um congressista que passou de investigado a presidente?

Melhor será que, no caso de eleição indireta, não se escolham ministros, nem qualquer membro atual dos três poderes que possa estar envolvido na Lava Jato. Por isenção política. Mesmo porque, como vemos, os fatos ainda não acabaram. Vem mais. Esta semana provavelmente.

---

1   Artigo publicado no *O Globo* em 17 de junho de 2017.

44
TSE VOLTA A SER VÁLVULA DE ESCAPE PARA CRISE POLÍTICA

Thomaz Pereira[1]

A delação da JBS poderia levar ao *impeachment* de Temer. Certamente. Mas depois de quase dois anos em que o país parou para debater o *impeachment* de Dilma Rousseff, será que o país tem fôlego para isso? Será que nossas instituições estão preparadas para mais esse processo?

Mas esse não é o único caminho para remover Temer da Presidência. O processo de cassação da chapa Dilma-Temer continua pendente. Foi pautado e a expectativa é que seu julgamento se inicie dia 6 de junho. Na prática, cassar a chapa geraria o mesmo resultado que o *impeachment*. A Presidência ficaria vaga e teríamos novas eleições. Dessa vez, indiretas. A Constituição determina que Congresso teria trinta dias para escolher um novo presidente para governar o país até 2019. Sua principal função seria provavelmente conduzir as eleições de 2018. Estas sim, finalmente, diretas.

O *impeachment* de Dilma Rousseff, formalmente, foi determinado por pedaladas. Esse era o debate jurídico, mas havia uma conjuntura política específica. Sem ela é difícil imaginar que teriam sido obtidos os votos necessários no Câmara e no Senado. As acusações da Lava Jato não estavam no processo, mas estavam na mente de todos.

Desde então o processo de cassação da chapa Dilma-Temer já aparecia como eventual válvula de escape política. A depender da Lava Jato e do *impeachment* era ele que ameaçava o mandato de Dilma. Ele tinha a vantagem de, tratando de abuso de poder econômico durante a campanha eleitoral, efetivamente estar relacionado aos fatos desvendados pela Lava Jato. Mas tinha a desvantagem de, se procedente, exigir que juízes não eleitos cassassem uma presidente eleita diretamente pelo povo.

O *impeachment* passou, mas dois anos e meio depois o processo continua. Pende agora sobre a cabeça de Temer. É seu mandato que hoje é ameaçado por esta válvula de escape. As acusações da delação da JBS não estão no processo, mas estão agora na mente de todos. Nessa conjuntura, em pouco tempo, os prognósticos mudaram radicalmente.

---

1 Artigo publicado no JOTA em 17 de maio de 2017.

Se há alguns meses se discutia a possibilidade de não se cassar a chapa ou de, caso ocorresse, separar Temer de Dilma para mantê-lo no cargo, é difícil imaginar que, se o julgamento for efetivamente concluído nas próximas semanas, seja esse o resultado do caso.

Pode ser que, caso pedidos de vista e outras manobras adiem a sua conclusão, o processo no TSE não acabe em cassação, mas é provável que, no mínimo, continuará pendente, disponível, como válvula de escape que de fato sempre foi.

45
TODOS OS CAMINHOS LEVAM AO SUPREMO

Fernando Leal[1]

Descartada, pelo menos por enquanto, a possibilidade de renúncia, quais são os riscos para a permanência de Temer na Presidência? Três são as possibilidades. Cada uma delas com atores relevantes, caminhos processuais e relações com o tempo diferentes. O que há de comum em todas elas, porém, é que tudo acabará no Supremo.

Temer foi claro ao se referir a uma dessas possibilidades. Em referência ao inquérito aberto para apurar a prática de crime cometido durante o mandato, antecipou que tudo se esclarecerá no tribunal. Nesta hipótese, se o Procurador-Geral da República denunciá-lo e a Câmara, por dois terços de seus membros, autorizar a instauração do processo, caberá à corte julgar a ação penal que dará a Temer a oportunidade de se defender.

Mas há ainda duas outras possibilidades. A primeira delas está relacionada à abertura de processo de *impeachment* contra o presidente. Nesta hipótese, o presidente da Câmara tem um papel fundamental, já que, como regra geral, é o responsável por aceitar ou rejeitar o pedido que deflagrará todo o procedimento dentro do Congresso que poderá levar à destituição do mandato presidencial.

E o Supremo? Se o pedido for acolhido, a corte provavelmente terá pouco a dizer durante a discussão no Legislativo, já que recentemente decidiu controvérsias e lacunas durante o processo que levou à destituição de Dilma. Salvo mudança radical de posicionamento, as dúvidas mais pulsantes podem estar vinculadas a como se posicionará o ministro Alexandre de Moraes, que hoje ocupa a vaga de Teori Zavascki, nas matérias em que o plenário decidiu por 6 votos a 5.

Ainda que nada mude, porém, o STF se tornará protagonista no caso de destituição de Temer, já que inevitavelmente será chamado a decidir várias questões sobre o processo eleitoral que levará ao novo presidente.

A terceira possibilidade, por fim, envolve a decisão sobre o pedido de cassação da chapa Dilma-Temer pelo TSE. Nesse caso, Temer ainda poderá provocar um novo *round* de debates no STF, que terá que se

---

1 Artigo publicado no *O Globo* em 20 de maio de 2017.

pronunciar não só sobre a substância da decisão, mas, muito provavelmente, também sobre a adequação jurídica do procedimento eleitoral que o TSE indicará para a sucessão presidencial.

Em meio as diversas incertezas que marcam um cenário de crise, a certeza que resiste é a de que nada deixará de passar pelas salas do Supremo.

46

GILMAR MENDES É CONTRAEXEMPLO DA DISCRIÇÃO ESPERADA DO JUDICIÁRIO

Ivar A. Hartmann[1]

Quando questionado sobre o processo que pode cassar a chapa Dilma-Temer no Tribunal Superior Eleitoral (TSE), seu relator, ministro Herman Benjamin, nada diz. Afirma estar em "silêncio beneditino".

Há cerca de um ano, Rosa Weber, do Supremo Tribunal Federal (STF), foi criticada em conversa grampeada de investigados da Lava Jato porque "não deu o negócio do Lula [PT]". Apesar de suposta intervenção de Dilma Rousseff [PT], a ministra negou pedido para afastar do juiz federal Sergio Moro a investigação sobre o ex-presidente.

Ambos os magistrados adotam comportamento essencial em tempos de normalidade e decisivo durante período de crise política aguda. Sabem que a legitimidade do Judiciário depende não apenas da qualidade e da celeridade de suas sentenças, mas também daquilo que se dá fora dos autos. Infelizmente, a parcialidade de magistrados em todo o país tem sido cada vez mais questionada, pois certos juízes não cumprem duas regras básicas. Primeiro, não se pode antecipar a posição pessoal sobre o mérito de questões que acabam judicializadas. Segundo, deve-se permanecer como observador rigorosamente passivo de negociações no Executivo e no Legislativo.

A primeira regra parece mais simples. Antigamente, bastava ao juiz não conceder entrevista sobre questões que poderiam acabar na sua vara ou em seu tribunal. Essa proibição está na lei que fixa o código de conduta dos magistrados. Um exemplo recente ilustra bem o problema. Há cerca de dez dias, esta *Folha* informou que o STF, contrariando seu entendimento, poderia deixar Lula solto mesmo após condenação em segunda instância. O ministro Celso de Mello logo emitiu nota informando como se posicionaria no caso. Ao adiantar seu entendimento, prejudicou sua própria imparcialidade – farão diferença os argumentos que defesa e acusação venham a ter?

Outros exemplos tendem a ser mais complexos. A atual demanda por exposição e transparência do Judiciário não tem precedentes. Falar à imprensa passou a ser apenas uma de muitas maneiras de interagir com a opinião pública.

---

1   Artigo publicado na *Folha de S.Paulo* em 27 de maio de 2017.

Nos anos 1990, ainda que um ministro do STF decidisse dar uma declaração polêmica, o fato dificilmente ganharia a capa dos jornais de grande circulação. Hoje, os brasileiros conhecem o poder decisivo de uma liminar que bloqueia o WhatsApp ou de uma decisão que afasta o presidente da Câmara dos Deputados. Acompanham esperançosos os processos criminais de figurões da política. Comparam seus rendimentos com os contracheques dos juízes e avaliam se isso deveria ser pauta de protesto nas ruas ou no Facebook.

Essa busca de mais informações sobre a Justiça é satisfeita e estimulada por notícias que chegam segundo a segundo, seja por veículos tradicionais, seja por novas agências, seja por redes sociais.

PARA A PLATEIA

No caso das redes sociais, em particular, a via é de mão dupla. Transmitem o que se escreveu ou se disse sobre os juízes, mas também são ferramenta que magistrados usam para escrever e falar diretamente com o público. É saudável que os cidadãos estejam mais interessados no que faz o Judiciário. Mais cobertura da mídia traz mais transparência – mas também mais oportunidades para excessos.

Moro aprendeu com a operação italiana Mãos Limpas a importância do apoio popular para combater a corrupção sistêmica. Quando se sente necessidade, usa a internet para falar diretamente com os brasileiros, estimulando o clamor que acaba legitimando a Lava Jato. Mas nem sempre há cálculo estratégico. O juiz de Brasília que suspendeu a nomeação de Lula como ministro no ano passado publicou em seu perfil foto com adesivo Aécio Neves (PSDB – MG), conclamou os amigos a "ajudar a derrubar a Dilma" e fez manifestações em uma rede social relacionadas ao caso no qual mais tarde deu a liminar.

Assim também a juíza que proibiu o acampamento de defensores do ex-presidente durante seu interrogatório em Curitiba. Em seu perfil, ela compartilhava postagens do Movimento Brasil Livre e aplaudiu a condução coercitiva daquele que os afetados por sua decisão queriam prestigiar. Ambos restringiram o acesso ao seu perfil no Facebook quando viraram notícia, mas as manifestações ainda assim foram amplamente disseminadas.

Esses e outros casos ajudam a alimentar a crença de que o PT é perseguido pela Justiça. Isso põe em questão as decisões não só desses dois magistrados, mas também de seus colegas. A impressão de que juízes decidem com um viés partidário está entre os maiores problemas da primeira instância.

Nos tribunais superiores, existe outro. Há um tipo específico de uso da imprensa que permite a ministros quebrar a segunda regra básica: não virar ator político. Durante o mensalão, os jornais repercutiram as falas dos magistrados nos autos. Os julgadores eram observados, descritos, criticados e até santificados por suas decisões. Os ministros, porém, nem sempre se contentam em ser objeto passivo de observação. Alguns buscam os jornalistas e ativamente dialogam com os observadores. A imprensa repercute mais suas entrevistas que suas sentenças.

O projeto Supremo em Números utilizou a base de dados Media Cloud da Escola da Matemática Aplicada da FGV. Ela cataloga diariamente, entre outras publicações, todas as notícias online dos grandes veículos de imprensa do país. Identificamos todas as menções a ministros do STF nos últimos seis meses.

Os dias de maior repercussão foram causados pela chocante morte de Teori Zavascki e pela divulgação da chamada "lista do Fachin", com nomes de investigados a partir da delação da Odebrecht. Esses eventos excepcionais fazem com que os dois ministros sejam mais citados do que qualquer outro no período. Entre os demais, não está em primeiro lugar a atual presidente, ministra Cármen Lúcia. É Gilmar Mendes quem mais aparece – e isso ainda não diz tudo.

GILMAR MENDES

Para quase todos os ministros, o dia com maior número de citações na mídia foi resultado de uma decisão judicial – ou de um trágico acidente. É o caso da liminar de Luiz Fux suspendendo o trâmite das dez medidas contra a corrupção no Congresso ou do pedido de vista de Dias Toffoli em julgamento sobre a linha sucessória da Presidência.

Mendes é diferente. Seu dia mais midiático ocorreu quando criticou projeto de lei que mudaria as regras sobre prestação de conta de partidos. Caso a proposta avançasse, provavelmente seria questionada no STF, onde Mendes deveria atuar como julgador imparcial.

No segundo dia de maior visibilidade, o ministro se reuniu com Michel Temer (PMDB) e os presidentes da Câmara e do Senado para discutir reforma política. Isso apesar de ser Cármen Lúcia a atual autoridade máxima e representante do Judiciário nacional. No terceiro, as notícias são de um evento acadêmico que Mendes organiza com o ex-presidente Fernando Henrique Cardoso (PSDB) e com João Doria (PSDB), prefeito de São Paulo, bem como sua afirmação de que a justiça do Trabalho é um "laboratório do PT". No quarto dia de maior número de citações, Mendes acusa a procuradoria Geral da República de crime por ter supostamente vazada nomes de políticos alvo de pedido de investigação no Supremo. A lista segue.

No caso de ministros de tribunais superiores, declarações excessivas à imprensa, nas hipóteses mais brandas, são ilegais por anteciparem seus julgamentos; na mais grave provocam o descrédito da instituição e dos colegas. Além disso, podem servir para dar poder excessivo a um ministro que já conta com fortes prerrogativas de função, facultando a essa pessoa atuar de forma privilegiada no campo da negociação política.

Há ainda os exemplos mais óbvios dessa atuação política. Há poucos dias, revelou-se o conteúdo de telefonema no qual Aécio Neves discutia com Gilmar Mendes estratégia para o sucesso da tramitação do projeto de lei de abuso de autoridade. O contraste é claro entre Rosa Weber, criticada em um grampo por não jogar o jogo, e Mendes, interlocutor de conversa em que demonstra buscar o protagonismo nesse jogo. Como é possível esperar imparcialidade de Mendes se a nova lei de abuso de autoridade for questionada no STF?

Os novos tempos da relação entre opinião pública e judiciário trazem novas formas e oportunidades para que magistrados tomem a iniciativa de se comunicar com a população, mas nem todos esses novos meios devem necessariamente ser aproveitados.

Não sabemos se os exemplos dos juízes de Brasília e Curitiba são apenas casos isolados ou se representam tendência nacional. Certo é que, em tempos de mais transparência e novos meios de comunicação, condutas republicanas como as de Herman Benjamin e Weber são ainda mais importantes.

É preciso poder acreditar que o Judiciário será fiel da balança na iminência de uma segunda troca de presidente da República em doze meses. É preciso poder acreditar que os tribunais serão imparciais ao enfrentar a constante judicialização da política e os inúmeros processos criminais de autoridades; o sistema não funciona se os juízes tiverem partido. Infelizmente, a proatividade mal direcionada de alguns tem jogado uma sobra sobre todos.

47

A EXPECTATIVA SOFRIDA

Joaquim Falcão[1]

Perguntaram a um dos chefes das agências de segurança dos Estados Unidos, FBI ou CIA, se ele tinha medo de alguma coisa. Surpreendentemente, respondeu. "Tenho sim. Tenho medo do que ainda não sei". O fato acontecido, por mais perigoso que fosse, não lhe causava medo. O que lhe causava medo era o fato já acontecido e que ainda desconhecia. Se conhecesse, ele, uma das pessoas mais poderosas do mundo, poderia enfrentar, administrar, tomar decisões. E informar ao presidente dos Estados Unidos e ao Congresso. Sua missão estaria cumprida.

Este mesmo medo domina hoje políticos, empresários e membros da administração pública no Brasil envolvidos em múltiplos processos de corrupção. Quem no passado praticou ato ilícito, corrupção, lavagem de dinheiro ou prevaricação, sabe bem o que fez. A ilegalidade de ontem, descoberta, pode se transformar na punibilidade de amanhã. Vivem expectativa sofrida.

A principal arena da política e da Justiça hoje é justamente o acesso à informação judicializável. A tarefa da defesa então não é apenas explicar o passado. É antes evitar sua revelação. O que pode acontecer nas investigações, autos, mídias sociais, delações, na pressão da sociedade, vizinhos e familiares e por aí vamos. É estancar o fluxo de informações. Criar um muro. Blindar o futuro contra o passado.

O problema é que com democracia, liberdade de comunicação e transparência judicial, muros de silêncio são, no máximo, peneiras. Se assim é, se lhe parece, leitor, chefe da Polícia Federal, Procurador-Geral da República e ministro do Supremo se transformaram no alvo a ser conquistado. Não por motivos ideológicos ou partidários, mas pelas informações que detêm e podem ser transformadas em provas processuais. São a memória viva do passado que não viveram. Artífices do futuro, que pode ou não acontecer. Estes cargos são vitais para a democracia. Daí a esboçada, mas já presente pressão para mudar ou desqualificar seus atuais ocupantes.

---

1   Artigo publicado no *O Globo* em 05 de junho de 2017.

A sessão de 6 de junho do TSE é importante. Mais importante ainda é o dia 17 de setembro. Quando o Procurador-Geral da República, banco de dados humano na era tecnológica, deixará o cargo. Ele e sua equipe já sabem muito mais do que foi revelado. Têm o dever de dar acesso ao Judiciário e aos cidadãos das informações, sobretudo diante de indevida pressão política. Se o eventual substituto da PGR vier, por exemplo, a ser engavetador de informações.

No estado democrático de direito, a missão dos órgãos de controle, Supremo inclusive, é revelar e não esconder informações. Dentro do devido processo legal e ampla defesa.

48

O TSE PODE FAZER DE CONTA QUE A LAVA JATO NÃO EXISTE?

Silvana Batini[1]

O TSE poderia decidir contra a cassação da chapa Dilma-Temer por ausência de provas? Segundo essa tese, que vem ganhando destaque na imprensa, tudo o que veio à tona na Lava Jato deveria ser descartado. A ação original proposta pelo PSDB em janeiro de 2015 teria objeto mais restrito, argumenta-se, e esses outros elementos só vieram à tona muito tempo depois.

Ou seja, o TSE deveria julgar fingindo que não sabe de nada, desconsiderando todas as provas testemunhais, documentais e periciais produzidas ao longo destes dois anos e reproduzidas nos processos eleitorais, em nome de uma barreira processual. Para uma nação em crise, que anseia por uma decisão judicial sobre as eleições de 2014, seria frustrante. Além disso, e mais grave, a tese mal esconde uma espertza e um sério risco.

As ações propostas logo após as eleições, é certo, não contêm a descrição exata de boa parte dos fatos que se tornaram conhecidos a partir da Lava Jato. Nem poderiam. A lei eleitoral é draconiana neste sentido: ações que discutem a legitimidade das eleições devem ser propostas no máximo quinze dias depois da diplomação.

Esse prazo curto evita que perdedores inconformados prolonguem nos tribunais a disputa das urnas, mas traz um problema: quando os abusos ocorrem, dificilmente se conhece a sua dimensão exata no estreito prazo da lei. E, neste caso, há duas opções: ou não se propõe a ação e os eventuais abusos ficam impunes, ou ela é proposta com o pouco que se sabe para não se perder o prazo. Quando isto acontece e as provas não aparecem, o destino é a improcedência.

A Lava Jato se encarregou de produzir provas devastadoras dos abusos genericamente alegados na ação do PSDB. E o TSE, por pelo menos duas vezes, deliberou expressamente pela possibilidade de que estas provas produzidas em Curitiba e em Brasília, sob a homologação do Supremo, fossem compartilhadas e trazidas para a seara eleitoral.

A última vez em que isto aconteceu, em abril passado, a corte unanimemente considerou relevante trazer aos autos depoimentos de novos

---

1 Artigo publicado no JOTA em 05 de junho de 2017.

delatores – João Santana e Mônica Moura –, além de conceder mais prazo para as defesas se manifestarem sobre os documentos trazidos pela colaboração da Odebrecht.

Em outras palavras, a Lava Jato já havia entrado oficialmente nas ações eleitorais. O TSE há muito já entendeu que, para decidir se houve ou não abuso nas eleições de 2014, precisaria levar em conta aquele acervo imenso de provas. Por isso mesmo, aliás, que esse processo vem se arrastando por tanto tempo: para que os dados fossem processados nas ações eleitorais, dentro das regras.

Recuar agora seria, no mínimo, contraditório. Para não dizer leviano. Desmoralizaria a justiça eleitoral como um todo, em um momento delicado da democracia brasileira. Em defesa dessa perigosa tese, afirma-se que "a Lava Jato traz prova de outros abusos" que não os descritos pelo PSDB na ação de 2015, ou seja, está fora dos limites formais do conflito levado ao conhecimento do judiciário. Contudo, "abuso" é um conceito aberto na lei. Sua gravidade e seu impacto na legitimidade da eleição se faz no caso concreto. E a própria lei autoriza o tribunal a levar em conta fatos públicos, mesmo que não mencionados expressamente no pedido inicial.

Mais do que decidir se Temer fica ou não, o país está esperando que o TSE diga expressamente se o uso intenso de caixa 2, se a remessa de dinheiro para o exterior para pagar marqueteiros, se o emprego de dinheiro indiretamente vindo de estatais, dentre tantos outros fatos, configura ou não hipóteses do que a Constituição chama abstratamente de abuso do poder econômico em eleições. Este é o papel da justiça eleitoral.

O julgamento que se inicia nesta semana será, para o TSE, o equivalente ao que foi o Mensalão para o Supremo: um divisor de águas. Se o tribunal cumprir o seu papel, esse caso poderá servir como precedente fundamental para o futuro do combate à fraude eleitoral. Sem Mensalão, dificilmente teríamos Lava Jato. Se o TSE, ao julgar o processo de cassação da chapa Dilma-Temer, deixar de lado os fatos desvendados pela Lava Jato, ignorando o passado, ameaçará também o futuro do combate à corrupção no Brasil. Ao dar seu veredicto sobre as eleições de 2014, o TSE vai nos permitir antever como serão as próximas eleições.

Depois de ouvir tantos delatores afirmarem que não há eleição sem caixa 2 e de conhecermos as cifras bilionárias envolvidas nisso, é mesmo difícil explicar como tanto descalabro foi possível sem que as instâncias fiscalizadoras agissem para evitar ou reprimir. É um debate que precisará ser feito, tanto sobre a eficácia da lei, como dos métodos da justiça eleitoral.

A seu tempo. Mas tudo isso depende de a justiça eleitoral se reafirmar como instância confiável de regulação das eleições, enfrentando o julgamento de terça-feira em toda sua extensão e profundidade.

A Lava Jato revelou as práticas ilícitas que abasteceram os cofres das eleições de 2014. Os responsáveis começam a ser punidos pelos crimes cometidos pela justiça comum, mas isso não basta. Esses crimes afetaram gravemente o próprio processo eleitoral. E é sobre isso que o TSE deve julgar. Decidir sobre o direito ignorando os fatos permite que, no futuro, os fatos ignorem mais uma vez o direito. É esse o risco que a democracia brasileira corre.

49

OS PEDIDOS DE VISTA DE MINISTROS DO TSE SÃO ESTRATÉGICOS?

Ivar A. Hartmann[1]

O julgamento da chapa Dilma-Temer no Tribunal Superior Eleitoral se aproxima. Nos tribunais brasileiros, porém, data de julgamento não é garantia de decisão. Há rumores de[2] que um pedido de vista poderia adiar novamente a decisão. Um pedido de vista seria a aposta para salvar Temer.[3] O ministro da justiça, Torquato Jardim, afirmou que seria "a coisa mais natural",[4] o que foi ecoado pelo presidente do TSE, ministro Gilmar Mendes. Ainda segundo Mendes, "os pedidos de vista no TSE não são alongados, em geral isso não acontece". Os pedidos de vista estão previstos no regimento, mas o que os dados nos dizem sobre o seu uso pelos ministros do TSE?

Um levantamento inédito do projeto Supremo em Números da FGV Direito Rio[5] mostra que os pedidos de vista não são comuns no TSE. Ocorreram em apenas 1.17% dos processos que ingressaram no tribunal entre janeiro de 2006 e maio de 2017. É ainda menos comum que um processo tenha dois ou mais pedidos de vista – como seria o caso do processo da chapa Dilma-Temer, que já teve um pedido de vista de Mendes em 2015. Os pedidos de vista tampouco são curtos. Na média, duram 66. Noventa e sete dias, sendo que aproximadamente um quinto dos pedidos ultrapassa 100 dias –cinco vezes o prazo mais alongado,

---

1   Artigo publicado no JOTA em 06 de junho de 2017.

2   VALOR ECONÔMICO. *Cresce aposta em pedido de vista no TSE*. Publicado em 30 maio 2017. Disponível em: <https://goo.gl/ZbLTCT>. Acesso em: 27 jun. 2017.

3   MEGALE, Bela; MATTOSO, Camila. *Citado pela JBS, ministro é aposta para salvar Temer no TSE*. Publicado em *Folha de S.Paulo* em 05 jun. 2017. Disponível em: <https://goo.gl/WPyLZ4>. Acesso em: 27 jun. 2017.

4   DUBEUX, Ana; CAVALCANTI, Leonardo; HESSEL, Rosana. "*Nunca vi tantos especialistas em TSE", diz ministro Torquato Jardim*. Publicado em *Correio Braziliense* em 28 maio 2017. Disponível em: <https://goo.gl/BB4fuz>. Acesso em: 27 jun. 2017.

5   SSRN. *Pedidos de Vista No Tribunal Superior Eleitoral (Request to View the Case at the Brazilian Superior Electoral Court)*. Disponível em: <https://goo.gl/otRsPu>. Acesso em: 27 jun. 2017.

pelo novo CPC. Muitos extrapolam o prazo: 65.4% dos pedidos feitos durante a vigência do antigo CPC e antes da resolução 202 do CNJ;[6] 46.9% daqueles feitos depois da resolução, quando o prazo dobrou com a permissão de prorrogação. O caso da chapa Dilma-Temer obviamente não é representativo do acervo do TSE. Sua visibilidade excepcional e o contexto político no qual ocorre o julgamento são o suficiente para enfraquecer a capacidade de previsão informada por dados do universo total de processos. Mas esses dados são sempre úteis para esboçar previsões sobre o dia a dia do tribunal.

No entanto, o fato de pedidos serem usados com pouca frequência e durarem cerca de dois meses não aponta, necessariamente, para um uso estratégico das vistas – por exemplo, para simplesmente dar mais tempo para Temer neste caso. Em artigo publicado recentemente,[7] Diego Werneck Arguelhes e eu concluímos, após diversas análises, que o intuito de estudar o processo não explica as longas durações dos pedidos de vista no Supremo. Encontramos, por outro lado, indícios de uso estratégico.

Em uma análise menos aprofundada, procuro aqui repetir alguns dos testes feitos naquele artigo, agora com os dados dos pedidos de vista do TSE. O objetivo não é averiguar se há uso estratégico das vistas no tribunal, mas sim testar a hipótese de que os pedidos de vista são motivados pela necessidade de analisar com mais cuidado os autos do processo.

Para tanto, é preciso construir medidas indiretas. Um primeiro teste é da correlação, em cada processo, entre o número de partes – sem contar advogados e representantes – o tempo total de vistas. Quanto maior o número de partes em um caso, provavelmente maior é sua dificuldade de análise e solução. Para os brasileiros, o exemplo clássico na atualidade é aquele do julgamento do Mensalão, com dezenas de réus. A expectativa nesse primeiro teste, portanto, é de uma correlação positiva.

---

6   RECONDO, Felipe; POMBO, Bárbara. *CNJ define prazo de 10 dias para pedidos de vista em todos os tribunais*. Publicado em JOTA em 27 out. 2015. Disponível em: <https://goo.gl/AjPvJ4>. Acesso em: 27 jun. 2017.

7   ARGUELHES, Diego W.; HARTMANN, Ivar A. Timing Control without Docket Control: How Individual Justices Shape the Brazilian Supreme Court's Agenda. *Journal of Law and Courts*, v. 5, n. 1, 2017.

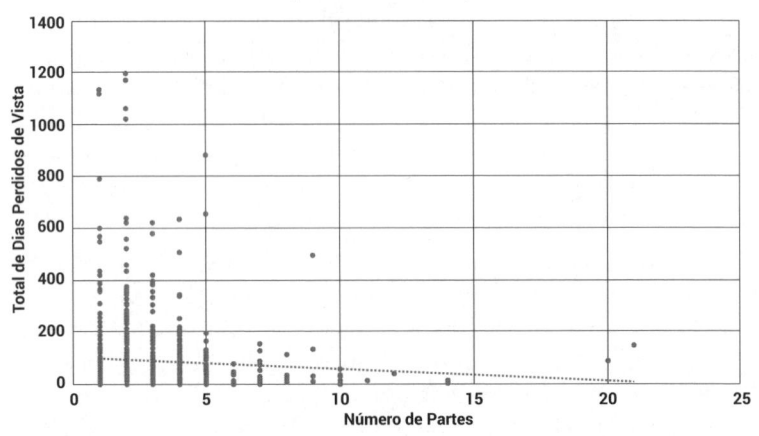

Número de Partes vs Total de Dias Perdidos de Vista, por Processo TSE (2006 - maio 2017)

A correlação encontrada é, na verdade, negativa: -0.056 (coeficiente de Pearson). Dado que o intervalo possível é entre 1 (correlação positiva perfeita) e -1 (correlação negativa perfeita), um valor próximo de zero indica a falta de correlação. O resultado desse primeiro teste, ao apontar a inexistência de correlação entre o número de partes nos processos e o tempo que eles ficaram sob análise em pedidos de vista, não parece apoiar a ideia de que os pedidos de vista são usados para analisar cuidadosamente o processo.

Um possível problema nesse teste é que o número de partes não necessariamente signifique um caso de mais difícil análise. Um alto número de interessados registrados no processo pode talvez indicar relevância do processo e, com isso, possivelmente grande complexidade. Mas o litisconsórcio pode, por vezes, ser irrelevante para o cerne da questão jurídica enfrentada pelos ministros. Idealmente, esse teste seria repetido com outras variáveis que indiquem complexidade do caso, como o número de páginas do processo inteiro ou da decisão. Infelizmente, essas variáveis não constam na versão atual da base de dados utilizada.

Um segundo tipo de teste possível é do comportamento de cada ministro individualmente. Se o pedido de vista é feito para estudar o processo, então essa fase é muito similar a outras nas quais aguarda-se uma providência do ministro relator, para a qual é preciso analisar os autos. Ou seja, o que definiria a duração da fase é a eficiência do ministro e de seu gabinete. Se um ministro é eficiente na análise dos casos nos quais pediu vista, então há razão para acreditar que seria também eficiente na análise de um pedido de liminar, por exemplo. Mesmo que as duas situações, vista e liminar, sejam diferentes, nos dois casos há algo em comum – a estrutura do gabinete, sua performance e sua gestão pelo ministro – que podemos esperar que afete do mesmo jeito a duração em ambos os contextos.

Comparamos então o tempo médio para decisões liminares com o tempo médio dos pedidos de vista de cada ministro. Uma forte correlação positiva seria um indicador de que a duração dos pedidos de vista pode ser explicada pela necessidade de estudar o processo.

Média Dias até Liminar vs Média Dias Pedido de Vista, por ministro do TSE (2006 - maio 2017)

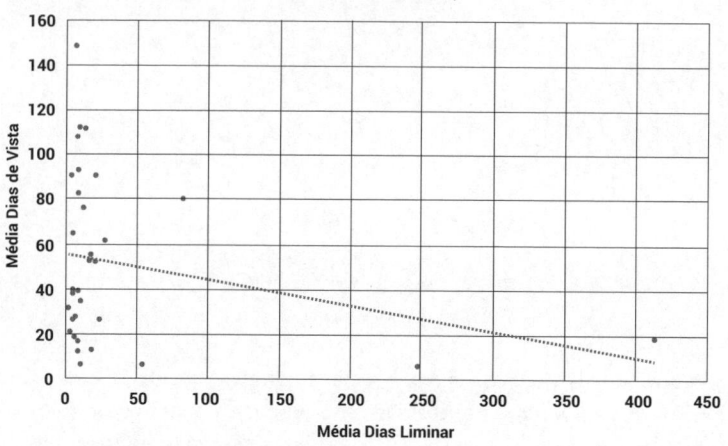

A correlação é, na verdade, negativa: -0.253. Ou seja: gabinetes mais "velozes" na análise de liminares não se refletem em uma análise mais rápida de pedidos de vista, o que sugere que a duração das vistas deve ser explicada por outras razões que não a necessidade de estudar o caso.

O resultado desse segundo teste pode ser lido como precário com o argumento de que a conclusão é, com muita frequência, um evento que acaba resultando em alguma providência de funcionários do gabinete e não do próprio ministro. Não seria, dessa forma, uma boa métrica de eficiência do ministro no estudo de um processo. Outra possível crítica é a de que os ministros, em tese, buscam julgar as liminares com um grau de urgência que não existe no caso dos pedidos de vista, mas há que lembra que os ministros têm prazo para cumprir com as vistas, porém não com as liminares.

Por último, assim como fiz com as liminares, utilizo o tempo de conclusão ao relator como outra fase similar ao pedido de vista: o ministro estuda o processo para tomar uma providência. Mais uma vez, a hipótese de que o pedido de vista tem o objetivo de analisar com mais cuidado o processo seria fortalecida se fosse encontrada uma correlação positiva alta.

Média Dias Pedido de Vista vs Média Dias Conclusão ao Relator, por ministro do TSE (2006 - maio 2017)

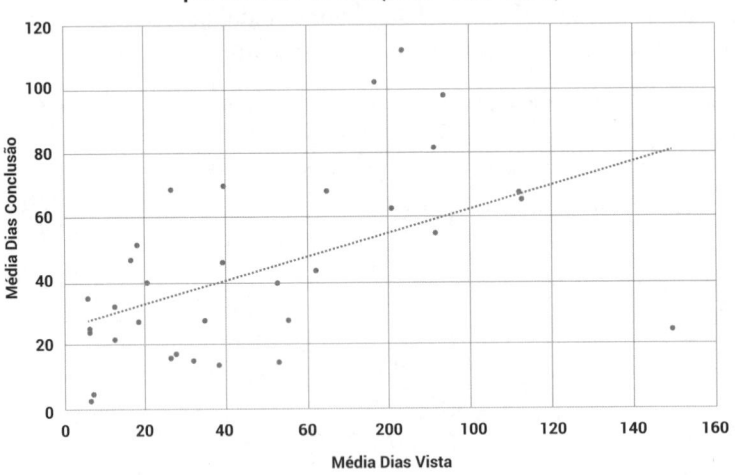

A correlação de fato é positiva, e relativamente alta: 0.507. Ainda assim, é possível perceber que muitos ministros fogem do padrão esperado, seja com conclusões rápidas e vistas demoradas, seja com conclusões lentas e vistas devolvidas em pouco tempo.

O tempo de conclusão ao relator é possivelmente uma estimativa mais precisa de eficiência do gabinete do que o tempo até a decisão liminar monocrática. Isso porque outros atores do processo podem afetar a espera entre o início do processo e a liminar – mas isso não é o caso na contagem dos dias entre o momento em que o processo vai concluso e o momento no qual é devolvido com alguma providência. O resultado desse teste pode ser interpretado, portanto, como uma confirmação da hipótese de que os pedidos de vista são efetivamente motivados pela necessidade de estudar o processo.

Por outro lado, um fator que pode levar à alta correlação entre o tempo das vistas e das conclusões é que a fase de conclusão também pode estar sendo usada estrategicamente para fazer alguns processos andarem mais rápido do que outros independentemente da sua complexidade.

Talvez alguns ministros façam uso estratégico tanto das vistas, quanto das conclusões, enquanto outros não adotam esse tipo de prática. O fato de esse teste ter apresentado resultado destoante dos outros dois poderia reforçar isso.

Uma análise rápida e inicial dos dados do TSE sugere cautela em se considerar que o uso do pedido de vista é necessariamente "técnico". É possível que as vistas sejam, de fato, usadas estrategicamente. Felizmente o TSE viabiliza o aprofundamento desse tipo de estudo, ao garantir acessibilidade excepcional aos dados processuais e qualidade também ímpar na padronização da forma como as informações são registradas pelos servidores. Sob esse aspecto, o tribunal é um modelo a ser seguido nacionalmente. E são esses excelentes dados, e não palpites, que nos fornecem o melhor caminho para analisar se há ou não uso estratégico dos pedidos de vista no TSE.

50

GILMAR MENDES ESCORREGOU NA LADEIRA

Rachel Herdy[1]

O ministro Herman Benjamin tem um "desafio", disse o ministro Gilmar Mendes no julgamento sobre a cassação da chapa Dilma-Temer. Se Benjamin permitir o uso das delações dos executivos da Odebrecht como meio de prova, então terá de admitir outras delações que sugerem irregularidades na campanha eleitoral da chapa, e inclusive manter o processo aberto para aguardar a delação do ex-ministro Antônio Palocci e outras que eventualmente possam surgir no meio do caminho.

Após um pedido de desculpa, seguido de uma risada, o presidente do TSE disse que queria apenas "mostrar que o argumento é falacioso", pois haveria limites processuais estabelecidos. E arrematou: "A persistir essa perseguição à verdade real, Vossa Excelência teria que pedir a reabertura da instrução".

Gilmar acusa o relator do caso de propor um argumento falacioso, mas não especifica que tipo de falácia ele teria cometido. O feitiço virou-se contra o feiticeiro. Se analisarmos criticamente a discussão, quem ofereceu o argumento falacioso foi o próprio Gilmar. O presidente do TSE escorregou na ladeira.

O argumento da ladeira escorregadia (*slippery-slope*) – que pode ser falacioso ou legítimo – é utilizado quando rejeitamos uma determinada ação porque esta levará a consequências indesejáveis. É um tipo de raciocínio consequencialista que se destaca pela existência de uma cadeia causal. O argumento envolve uma parte factual, que consiste em verificar a existência de uma relação de causalidade plausível entre uma ação inicial e uma série de ações conectadas; e uma parte normativa, que consiste em avaliar negativamente as consequências supostamente inevitáveis. O seu uso será falacioso quando fundamentado em uma cadeia causal implausível ou quando a consequência não se mostra indesejável.

O argumento da ladeira escorregadia pressupõe que os discursos jurídico e político não podem estipular uma paragem ou produzir fricção argumentativa suficiente para impedir o deslize ladeira abaixo. A depender do caso, o seu uso pode ser pernicioso. Pode servir para combater

---

[1] Artigo publicado no JOTA em 09 de junho de 2017.

certas medidas consideradas boas – por alguns – porque nos levariam a outras medidas consideradas ruins – por todos. Em um exemplo citado por Cass Sunstein: "O governo não deveria exigir que as pessoas comprem plano de saúde porque, se fizer isto, irá eventualmente exigir que as pessoas façam exercícios e comprem brócolis".[2]

O esquema do argumento da ladeira escorregadia é o seguinte:[3]

Se A, então B; e se B, então C, ... e finalmente Z.

Z não é desejado.

Logo, A é errado.

Se permitirmos a eutanásia voluntária, daqui a pouco vamos admitir a eutanásia involuntária e, em seguida, que os médicos desliguem os aparelhos de todos os idosos que nos aborrecem porque exigem excessivos cuidados e ocupam inutilmente os leitos dos hospitais. Se permitirmos o casamento entre pessoas do mesmo sexo, daqui a pouco vamos passar a permitir a poligamia e, em seguida, o casamento entre irmãos ou entre seres humanos e animais, árvores, objetos inanimados etc. Se descriminalizarmos o uso da maconha, a população começará a consumir mais a droga e, em seguida, procurará outras substâncias mais nocivas.

No presente caso, Herman Benjamin não supôs que a admissão das delações dos executivos da Odebrecht como meio de prova conduziria à admissão das delações dos executivos da JBS ou do ex-ministro Antônio Palocci e, em seguida, à inevitável reabertura da instrução processual – muito pelo contrário. Quem sustentou que a admissão não deveria ser permitida porque principiará uma cadeia causal que conduziria a uma consequência indesejável foi Gilmar.

Mas a falácia da ladeira escorregadia não é apenas um argumento deficiente do ponto de vista da lógica. Para os teóricos da argumentação que adotam uma perspectiva dialética, focada no contexto de um diálogo razoável, o uso de falácias em geral viola as normas de uma boa argumentação. A introdução de uma falácia é uma tentativa de perturbar o rumo da resolução de uma disputa. Aquele que introduz uma falácia pode

---

2 SUNSTEIN, Cass. *Don't Buy the Slippery-Slope Argument on Guns*. Disponível em: <https://goo.gl/ynZLYH>. Acesso em: 27 jun. 2017.

3 GROARKE, Leo A; TINDALE, Christopher W. *Good Reasoning Matters! A Constructive Approach to Critical Thinking*. Ontario: Oxford University Press Canada, 2004.

impedir que a outra parte esclareça o seu ponto, desvirtuando a discussão. Por outro lado, para os teóricos que adotam uma perspectiva retórica, o uso de falácias em geral pode ser uma manobra estratégica que tem o objetivo de persuadir uma audiência específica. Em ambos os casos, o contexto do discurso e a audiência passam a ser elementos decisivos.[4]

Podemos supor que o uso falacioso do argumento da ladeira escorregadia por parte de Gilmar foi uma tentativa de perturbar o julgamento da ação ao inverter o ônus argumentativo para Benjamin. Não deu certo. Benjamin assumiu novamente a carga da argumentação e ergueu uma barricada na ladeira supostamente escorregadia. Para o relator do caso, a delimitação às delações da Odebrecht justifica-se em razão da referência feita à empresa na petição inicial.

Tudo indica que Gilmar não só escorregou e perturbou o julgamento, mas também tentou enganar a sua audiência – seus colegas do TSE, a comunidade jurídica, as mídias e todos os brasileiros. Para desviar o debate acerca da questão probatória, Gilmar interrompeu a fala de Benjamin para projetar uma cadeia causal que dá ênfase à consequência indesejável de se prolongar mais o julgamento. Ora, quem discordaria da afirmação de que este processo precisa terminar logo?

Ainda que a intenção de enganar não integre o conceito de falácia, pois podemos pensar em casos em que o proponente de um argumento falacioso raciocina erroneamente de forma sincera, do ponto de vista retórico, o engano em si está sempre presente. O uso de argumentos falaciosos tem o poder de nos enganar, ainda que não seja deliberado. É uma maneira eficiente de desviar a discussão.

---

4   van EEMEREN, Frans; GROOTENDROST, Rob. A *Systematic Theory of Argumentation*. Cambridge: Cambridge University Press, 2004.

51

DILMA E TEMER ABSOLVIDOS, O DIREITO CONDENADO

Mario G. Schapiro | Rafael Mafei Rabelo Queiroz[1]

Um programa inusitado que tem se tornado relativamente frequente voltou mais uma vez a assombrar a atenção dos telespectadores: um julgamento televisionado. Desta vez, foi o caso – ou o ocaso – do Tribunal Superior Eleitoral. Com os ministros ali expostos, lendo seus votos na televisão, é desnecessário descrever os detalhes do feito. Ficou evidente para quem quis assistir àquela obra de realismo fantástico.

Como professores de Direito nos perguntamos: como isso é possível? A despeito dos interesses dos julgadores, ou de sua qualidade, como o Direito permite tanta margem de manobra, mesmo com todos os olhos voltados ao julgamento de uma causa?

A amplitude de sua manipulabilidade ficou evidente em dois momentos da ação, ambos protagonizados por Gilmar Mendes: em seu voto para que o processo não fosse arquivado e novas provas fossem produzidas, mantendo Dilma Rousseff, recém reeleita, sob fritura no tribunal; e em seu segundo voto, reclamando da Justiça que mantém eleitos sob fritura, para que as mesmas provas que ele pedira não fossem admitidas no julgamento final da causa.

Chega a ser irônico que a saída achada pelo TSE tenha sido a de ignorar provas que inundavam os autos do processo. A fuga intencional dos fatos existe também na produção e na transmissão do conhecimento jurídico. Há uma forma de se pensar o direito baseada quase exclusivamente em conceitos abstratos, genéricos e formais, que constituem a assim chamada doutrina jurídica. Indispensável como ponto de partida do raciocínio jurídico, há quem a tome como ponto de chegada. Mas a doutrina não apresenta fatos, não discute casos reais, não se aplica por si mesma. De nada adianta enunciá-la com pompa, invocando "doutos" e "ilustres" doutrinadores.

O exílio auto-imposto no mundo das hipóteses, das teses, dos termos gerais existe aos montes nas faculdades de direito. É especialmente visível em provas de concursos, que cobram dispositivos escondidos nos cafundós das leis, enquanto a realidade insiste em acontecer à sua maneira.

---

1 Artigo publicado no JOTA em 12 de junho de 2017.

Se aprendêssemos a nadar como se ensina Direito em muitos lugares, haveria gente diplomada para a travessia do Canal da Mancha sem jamais ter caído na água: teriam, quando muito, ouvido palestras sobre a densidade dos líquidos.

O doutrinarismo vazio torna o direito um saber de baixa consistência. Nesse ambiente, os argumentos não precisam conversar com os fatos. Podem dialogar apenas com um conhecimento encapsulado, com uma lista de autores e de argumentos de autoridade. Prendemo-nos a um nível tão grande de abstração que todos parecem concordar entre si. Quase todos os processualistas dizem a mesma coisa, ou quase a mesma coisa, sobre o que seja a "causa de pedir", para pegar um termo que muito ouvimos na sexta-feira. Esse direito, que desfila platitudes, tem pouca capacidade de constranger os juízes ou de guiar os cidadãos na escolha das condutas devidas. Se não é um vale tudo, é um cenário em que muita conduta indevida é admitida – basta invocar um princípio qualquer.

Foi isso que vimos no julgamento do TSE. Pelo apreço à didática, ficamos com o ministro Napoleão Nunes Maia Filho, que puxou a fila da absolvição de Dilma e Temer. O ministro trouxe para a mesa uma dezena de autores, os ditos "doutrinadores". Apresentou-os como um suposto exército de aliados intelectuais, mas seu exército não tinha nem mapa e nem bússola: os fatos não estavam ali. Discursou longamente sobre "pedido" e "causa de pedir", mas não indicou em concreto porque a sua divergência era mais consistente que o farto exame trazido pelo relator. Não apontou, precisamente, onde ele estava certo, e onde Herman Benjamin estaria errado. Ou será que o relator desconhecia os elementares conceitos que ele enchia a boca para enunciar? Ao ministro Napoleão, parecia bastar ter encontrado uma passagem do "príncipe dos processualistas" que coubesse em seu argumento. Não lhe ocorreu que aquela lição, porque genérica nos termos em que enunciada, caberia igualmente no voto de Benjamin. Terminou seu voto com uma clássica artimanha argumentativa: citou um livro de Luiz Fux, que votaria em sentido contrário, para assim reforçar a sua posição.

No citado livro, Fux defende que a justiça eleitoral deve ser minimalista, ou seja, para preservar a vontade popular as condenações eleitorais devem ser excepcionais. Mas a obra de Fux, e aqui vemos o tamanho do problema, também é mais do mesmo: uma doutrina geral, de mil e uma utilidades. Sem constrangimento, Fux rebateu Napoleão e lembrou que em sua tese a justiça eleitoral deve ser minimalista, mas não em "casos excepcionais". Mas, afinal, quais são os casos excepcionais? Qual o parâmetro concreto?

Numa próxima vez, quando Fux votar pela não cassação de uma chapa, bastará dizer que o caso não é excepcional. A dificuldade estará dissipada e ele poderá decidir sem constrangimento pelos fatos, sem base na materialidade da causa. Bastará o "seu sentir", uma expressão bastante utilizada, aliás, por juízes de norte a sul. O direito meramente sentido não constrange ninguém a respeitá-lo. Não cora de vergonha quando se prolonga a instrução em busca de mais elementos de prova, para depois lamentar que as provas que se buscava tenham sido encontradas. Não se importa com a absolvição de Temer, mesmo que até o carpete da sala de julgamentos saiba que, estivesse Dilma na Presidência, a condenação seria de rigor.

Muitos elementos explicam o funcionamento da justiça. Há atributos individuais relevantes, como a retidão, o decoro e o compromisso dos juízes. O desenho institucional das cortes também importa: essas regras podem favorecer mais ou menos a composição dos interesses. Sem prejuízo de todas essas questões, a qualidade do Direito produzido, ensinado e aprendido cumpre um papel relevante.

Como lembraria Antônio Candido, uma obra literária é uma tríade formada pelo seu autor, pela própria obra e pelo auditório. Com este padrão de doutrinarismo encomiástico e elogioso, com autores desinteressados pelos fatos e com auditórios conformados com construções herméticas, não são votos como os de Napoleão Nunes Maia ou de Gilmar Mendes que causam espanto. Ao contrário, surpresa há quando somos capazes de escapar do realismo fantástico que inocenta Temer, provavelmente acharia culpa em Dilma se ela ainda presidente fosse, mas certamente condena o próprio direito.

BALANÇOS, CONSEQUÊNCIAS E LEGADOS

IMPEACHMENT DE DILMA ROUSSEFF: ENTRE O CONGRESSO E O SUPREMO

A destituição da presidente Dilma Rousseff pelo Congresso, com a consequente ascensão de Michel Temer à Presidência da república, não pôs fim à crise política e econômica. O próprio processo havia gerado novos dilemas e questões que ainda estão sem resposta. O mecanismo de *impeachment* funcionou bem? Serviu de forma legítima e eficaz ao seu propósito constitucional? Contribuiu para minorar ou agravar a crise política que se avolumava desde 2013? E, aliás, a própria crise política – para a Dilma contribuiu parcialmente, mas que se deve a múltiplos outros fatores – deve entrar no julgamento sobre se um presidente cometeu ou não os crimes de responsabilidade previstos na Constituição?

O processo de *impeachment* tampouco foi suficiente para esclarecer quais atos poderiam e deveriam produzir de fato a perda do cargo dos chefes do Executivo. Os atos tipificados na lei de crimes de responsabilidade, editada em 1950, foram integralmente recepcionados? No caso de reeleição, os presidentes poderiam responder pelos atos praticados no mandato anterior? Algumas dessas questões não eram vistas como controvertidas antes do *impeachment* de Dilma Rousseff. Ao longo desse processo, porém, foram colocadas sob intenso escrutínio, e ainda não foram definitivamente resolvidas pelo Supremo.

É difícil prever também as consequências da decisão de Lewandowski de aceitar, em movimento quase burocrático na presidência do Senado, o fatiamento da votação sobre as punições que a presidente deveria sofrer. Levada a questão ao Supremo, como este deveria se manifestar? Mesmo com algumas sinalizações de ministros individuais em decisões liminares, ainda não temos uma posição do tribunal. Além disso, num espectro geral, a divisão das punições poderia beneficiar os diversos políticos que tiveram seus mandatos cassados? Também eram incertos os efeitos que o processo de *impeachment* teria nas futuras eleições. O processo terminou no final do mês de agosto, ou seja, pouco antes do primeiro turno das eleições municipais de 2016, e já durante as campanhas eleitorais. Neste cenário, quais foram os efeitos das eleições municipais sobre o comportamento dos parlamentares durante o *impeachment*?

Durante todo o processo de *impeachment* de Dilma, o Supremo sempre se posicionou como um fiscal em tempo real da atuação dos demais poderes, pronto para intervir quase que simultaneamente aos conflitos que surgiam na política. Logo no início do processo, em abrangente decisão, que mobilizou o país, o Tribunal firmou o rito que deveria ser seguido, anulando todos os atos que haviam sido praticados até sua decisão. Por outro lado, após o seu fim, recusou-se a se posicionar sobre os questionamentos sobre a decisão do Senado, nem que fosse apenas para dizer que certo ou errado não cabia ao Supremo as rever.

Mas a crise política não acabou com o *impeachment*. Pelo contrário. Em certa medida, ela apenas se intensificou. Cassação, *impeachment* e ação penal no Supremo ameaçam o novo governo. Em cada um desses caminhos o Supremo novamente deve se pronunciar, interagindo com outras instituições, decidindo sobre o seu próprio poder de decidir. Uma vez rejeitada a cassação no TSE, esse tribunal se retirou de cena enquanto os diversos atores questionavam o seu julgamento no Supremo. Diante de novas denúncias de *impeachment* contra Temer, antigas discussões sobre o poder do presidente da Câmara para decidir sobre esse processo voltam à tona, mais uma vez, o Supremo é chamado a decidir sobre o procedimento. Ao mesmo tempo, no próprio STF uma eventual denúncia contra o Temer por crime comum deverá movimentar a Câmara a decidir se o Supremo pode ou não decidir. Por fim, mais questionamentos são levantados, aso esse governo também seja interrompido antes de seu fim, debate-se: eleições diretas ou indiretas? Em que condições? Por qual procedimento? Sobre isso também o Supremo deverá se pronunciar.

Balanços, consequências e legados de um *impeachment* que, em suas implicações, ainda parece longe de acabar.

52

CRISE CONSTITUCIONAL BRASILEIRA? A DESARMONIA ENTRE OS PODERES

Daniel Vargas[1]

Há duas interpretações sobre a situação constitucional do Brasil em 2015. A primeira enxerga as tensões do ano que se encerrou como episódios da rotina democrática. 2015 foi marcado por algumas turbulências e contratempos, mas, sobretudo, pela atuação serena, cuidadosa e decisiva da Suprema Corte no enfrentamento dos problemas constitucionais. Claro que há desafios não vencidos: na gestão da corte, no aprimoramento dos processos judiciais e na qualidade das decisões. Mas, segundo esta leitura, como saldo geral, 2015 foi um ano de grande amadurecimento do país.

Há, contudo, razões para enxergar, por trás da aparente normalidade institucional, sinais de uma crise mais profunda, menos compreendida, e que não se resolverá ao fim do processo de *impeachment*, do julgamento da Lava Jato ou do próximo escândalo nacional. Nesta segunda visão, o Brasil vive a iminência de uma crise constitucional. E a ação do Supremo para contê-la é muito limitada.

Os sinais são difusos. Estão, por exemplo, na incapacidade de o regime democrático solucionar seus velhos problemas estruturais – em educação, saúde e segurança. Ou em uma mudança geracional, com líderes emergentes que não conseguem tão facilmente se reconhecer na linguagem constitucional oficial. Os sinais mais sensíveis estão, sobretudo, na desarmonia entre os três poderes. Estranhamentos e rixas pontuais entre um poder e outro são naturais e até saudáveis em uma democracia. Mas a luta de todos contra todos, não.

O que assistimos em 2015 – começando um pouco antes – foi a guerra geral do Executivo contra o Congresso, do Congresso contra o Judiciário, do Judiciário contra o Congresso.

Quatro exemplos ilustram tensões que excederam a rotina democrática. O primeiro é a disputa entre Executivo e Congresso. O foco mais recente da briga é o processo de *impeachment* da presidente. Para além do julgamento de crime de responsabilidade, o *impeachment* tem sido parte do drama da luta do Legislativo por independência. Até o governo Dilma, 80% das leis aprovadas foram de iniciativa do Executivo, com

---

[1] Artigo publicado no JOTA em 05 de janeiro de 2016.

taxa de 90% de sucesso. Foram anos de maltrato sistemático imposto pelo Executivo, com o abuso na edição de Medidas Provisórias, cooptação de líderes e controle da pauta, e liberação de emendas só para os amigos. Até que o Congresso Nacional decidiu reagir.

Eduardo Cunha não é santo, mas é um simplismo colocar em seu bolso toda a conta dos desajustes nacionais. Cunha é a espécie de um gênero muito comum de deputado que, por razões nobres ou vis, cansou da posição de subserviência e agora quer decidir. Talvez a diferença particular de Cunha é que, para alterar o pêndulo de poder do Legislativo, ou para suprir suas vontades, ele está disposto a manobrar e a levar esta briga às últimas consequências. O resultado, para o país, pode ser a queda da presidente da República, ou do presidente da Câmara. Ou dos dois. Em nenhuma democracia do mundo, tensão desta magnitude é "rotineira" ou "normal".

O segundo exemplo da desarmonia é a luta entre Judiciário e Executivo. Mensalão, Lava Jato e a próxima operação espetacular da Polícia Federal pretendem erradicar o "câncer da corrupção" do país. Sem dúvida, estas são iniciativas importantes, mas também acentuam uma cruzada mais ampla contra os espaços de "escolha política" do Executivo.

O nome técnico desta disputa entre Judiciário e Executivo é a limitação da discricionariedade administrativa. Em outros tempos, discricionariedade era o outro vocábulo utilizado para reconhecer a dignidade do administrador na definição das prioridades públicas. Gostando ou não, o magistrado deveria respeitar a escolha.

Esses tempos se foram. A discricionariedade é hoje uma espécie em extinção no país. A fronteira entre o lícito e o ilícito se diluiu. Licitações e licenciamentos ambientais se converteram em batalhas campais de liminares, resolvidas nos tribunais. Gestores de boa-fé e de má-fé são tratados com o mesmo desdém. Até que se prove o contrário, são todos criminosos em potencial. O que deveria ser um ato de virtude – servir ao país, em nome do interesse público – se converteu em motivo de vergonha geral ou de medo nacional, gerando uma debandada dos melhores quadros do Executivo.

O nome político desta escalada judicial sobre o espaço do Executivo é a repactuação de poderes. Justamente o poder que menos sabe – porque tem menos acesso a dados e informações –, que menos pode – porque tem menos recursos e liberdade de ação –, que menos tem legitimidade – porque não é eleito nem indicado politicamente – tem paralisado a ação do poder que mais sabe e que mais pode.

Claro que o Judiciário não faz nada sozinho. Há uma rede de instituições nacionais que colaboram para o show da justiça. É claro que houve abusos e crimes no Executivo, que merecem repressão implacável. Em nenhuma democracia, porém, essa paralisia do Executivo pelo avanço judicial é apenas um detalhe de rotina.

O terceiro exemplo da desarmonia é a luta entre Congresso e Judiciário. O país acompanhou pela imprensa, como notícia comum, o encontro entre o presidente da Câmara dos Deputados e o presidente do Supremo para discutir a decisão sobre o processo de *impeachment*.

Há muito mais em jogo nesse encontro. Cunha não foi ao Supremo para visita de cortesia. Foi como líder da Câmara dos Deputados, terceiro quadro na linha sucessória, apresentar um "protesto institucional": o Supremo teria errado ao interferir nos poderes da Câmara dos Deputados.

Lewandowski, ao seu modo, menosprezou o protesto. "Não há margem para dúvidas em decisão do Supremo sobre o *impeachment*".[2] Contudo, em direito, sempre há margem para dúvidas e desacordos interpretativos – embora sempre haja também autoridade, decisão e ponto final, ainda que temporariamente.

Lewandowski negou tanto a contingência, quanto o caráter potencialmente temporário da decisão. Primeiro, porque queria encerrar de antemão qualquer debate ou "negociação" com Cunha. Segundo, porque em uma democracia forte, é possível sustentar que a decisão do Supremo é a decisão final apenas até o momento em o Congresso decida fazer o contrário. Aliás, Cunha já decidiu e prometeu, na retomada dos trabalhos legislativos, contestar a decisão do Supremo, por diferentes meios.

O quarto exemplo de desarmonia é mais particular. Mostra a alta cúpula do Judiciário questionando a legitimidade de sua própria ação. Divergências entre ministros fazem parte do trabalho de qualquer Corte. Encerrado o julgamento, contudo, deve prevalecer a serenidade do coletivo.[3] Quando o resultado é proclamado, por fim, o Supremo fala com

---

2 RICHTER, André. *Lewandowski: não há margem para dúvidas em decisão do STF sobre impeachment*. Publicado em EBC Agência Brasil em 23 dez. 2015. Disponível em: <https://goo.gl/8F6513>. Acesso em: 27 jun. 2017.

3 ARGUELHES, Diego W.; HARTMANN, Ivar A. *A monocratização do STF*. Publicado em JOTA em 03 ago. 2015. Disponível em: <https://goo.gl/zZ42R6>. Acesso em: 27 jun. 2017.

uma única voz,[4] não com onze. Razões para isso vão muito além da prudência ou da etiqueta. Estão no reconhecimento da qualidade do processo decisório da Corte.

Os ministros do Supremo têm demonstrado, no entanto, uma visão cínica deste processo. Derrotas mal digeridas são expostas pela mídia rotineiramente. Após o julgamento do processo de *impeachment*, por exemplo, um ministro veio a público não apenas para expor seu dissenso, o que já seria delicado, mas para colocar em xeque a própria legitimidade do tribunal.

Quando os próprios ministros colocam em dúvida o trabalho que desempenham em nome coletivo, por que eu e você deveríamos pensar diferente? Cada uma destas tensões entre os poderes, sozinhas, podem ser lidas como desvio de rota pontual e momentâneo, corrigível pela rotina democrática. Juntas, porém, indicam perturbações um pouco além da nossa prática constitucional, ou de uma gestão serena do Supremo Tribunal Federal.

---

4 FALCÃO, Joaquim. *O Supremo provisório*. Publicado em *O Globo* em 10 dez. 2016. Disponível em: <https://goo.gl/94AbNw>. Acesso em: 27 jun. 2017.

53

IMPEACHMENT E REELEIÇÃO

Diego Werneck Arguelhes | Silvana Batini[1]

A presidente Dilma Rousseff pode responder, no processo de *impeachment*, por atos praticados no seu primeiro mandato? Quando recebeu a denúncia, o deputado Eduardo Cunha respondeu que não. Registrou que só admitia as acusações relativas a 2015. Aqui, Cunha e governo concordam: não cabe o *impeachment* por atos praticados antes do novo mandato.

Essa posição tem consequências graves. Criará um espaço de irresponsabilidade para futuros presidentes da República, governadores e prefeitos, muito além das linhas de batalha agora traçadas. Segundo a Constituição, "o presidente da República, na vigência de seu mandato, não pode ser responsabilizado por atos estranhos ao exercício de suas funções". Como interpretar essa regra? Antes de 1997, não havia reeleição para o Executivo. Com um mandato único, a "vigência do mandato" e o "exercício de suas funções" eram, portanto, a mesma coisa.

Com a possibilidade de reeleição, após 1997, surge um problema. Caso reeleito, o ocupante do cargo continuará exercendo as mesmas funções por mais quatro anos.

Nesse novo cenário, na vigência de qualquer um dos dois mandatos, um presidente pode e deve ser responsabilizado por quaisquer atos a eles relacionados. Há decisões do Supremo nesse sentido, em casos de improbidade administrativa de pessoas reeleitas para cargos no Executivo e de cassações de parlamentares por fatos cometidos em mandatos anteriores.

Essa não é apenas uma disputa técnica. Há uma questão maior de desenho institucional em jogo. Sendo adotada a interpretação de Cunha e dos defensores do governo, estaremos encorajando prefeitos, governadores e presidentes a praticar crimes de responsabilidade no fim de seu primeiro mandato.

Quanto mais perto do fim do mandato, menor a chance de investigação, divulgação e punição de crimes de responsabilidade pelo poder legislativo antes do início do mandato seguinte. Para piorar, o risco de uso irregular da máquina estatal aumenta no período da reeleição. Em particular, logo após uma reeleição, haverá a certeza da impunidade.

---

1 Artigo publicado em *Folha de S.Paulo* em 28 de março de 2016.

IMPEACHMENT DE DILMA ROUSSEFF: ENTRE O CONGRESSO E O SUPREMO

Entre o pleito de outubro e a nova posse em janeiro, é ínfima a chance de crimes de responsabilidade serem descobertos, investigados e punidos. A interpretação que isola os dois mandatos cria um vácuo de controle do poder Executivo.

Essa leitura pode hoje interessar ao governo. E, por motivos desconhecidos, foi também adotada por Cunha. Entretanto, a questão ainda não foi decidida. O debate mal começou.

A Comissão Especial da Câmara discutirá o destino de Dilma. Ao fazê-lo, deve esclarecer se examinou ou não ambos os mandatos, qualquer que seja seu parecer sobre as acusações contra a presidente. O Supremo, sendo provocado, também terá a chance de preservar esse mínimo de controle republicano.

Não se trata aqui de estar contra ou a favor do *impeachment*. É verdade que isolar os mandatos interessa a Dilma. Enxergá-los conjuntamente, entretanto, não é necessariamente condená-la. A Câmara pode olhar para 2014 e 2015 e considerar que não houve crimes de responsabilidade. Qualquer que seja a resposta, táticas pró ou contra Dilma e outros cálculos políticos de curto prazo não podem criar um vácuo de responsabilização do Executivo.

54

IMPEACHMENT: A MALDIÇÃO DE PAULO BROSSARD

Diego Werneck Arguelhes | Felipe Recondo[1]

A Comissão Especial do *impeachment* pode ser eleita por voto fechado? E com chapa avulsa? O presidente da Câmara, Eduardo Cunha, acertou ou errou ao rejeitar sumariamente o pedido de *impeachment* do vice-presidente Michel Temer? Cunha pode limitar o recebimento da denúncia do *impeachment* a fatos relativos a 2015?

As duas primeiras questões já foram respondidas pelo Supremo; as duas últimas, provavelmente estão em pauta nas próximas semanas. Além das dificuldades de respondê-las no mérito, todas elas escondem uma pergunta transversal e cada vez menos visível: o Supremo deveria mesmo tentar respondê-las, ou deveria apenas deixar que o Congresso as resolva?

Nas manifestações de ministros do Supremo no *impeachment* até aqui, especialmente quando tratavam de suas relações com o Congresso, o nome de Paulo Brossard surgiu em vários momentos. Brossard, ministro do Supremo entre 1989 e 1993 – após longa carreira política – sempre defendeu que, ao apreciar atos do Congresso, o Supremo deveria respeitar claros limites constitucionais entre o terreno judicial e o funcionamento interno do legislativo.

O ministro encarnava algo que há tempos deixou de existir no Supremo: um compromisso sistemático com a deferência à autonomia decisória das casas do Congresso. Por isso mesmo, na verdade, as referências que os ministros de hoje fazem ao ministro Brossard são, na maior parte, quase ficcionais. Seu nome é invocado para simbolizar moderação, em doses homeopáticas, nas relações entre juízes e legisladores: podemos intervir e com frequência intervimos na política, mas, quando pontualmente achamos melhor deixar o Congresso decidir, citamos Brossard.

Mas não era isso que o ministro defendia e praticava. Especificamente no caso do processo de *impeachment*, tema sobre o qual escreveu uma obra clássica no direito brasileiro, Brossard sempre foi claro: na nossa tradição, processar e julgar o presidente é tarefa exclusiva do Congresso, sem qualquer interferência do judiciário. Não porque seja uma questão política, e não jurídica, nem porque seja um assunto *interna corporis* –

---

1 Artigo publicado no JOTA em 07 de abril de 2016.

pois envolverá interpretação correta de normas constitucionais, e não apenas acordos políticos sobre normas regimentais. Mas, digamos, por uma decisão geográfica dos constituintes, que pegaram essa função tipicamente judicial e a colocaram nas mãos de um órgão legislativo. Com isso, segundo Brossard, o Supremo seria incompetente para intervir.

Foi a decisão política do constituinte, e não uma suposta "natureza" desse processo, que excluiu o Supremo do *impeachment*. Aqui, quem era por último é o Congresso. Como disse Brossard em um dos MS de Collor, "ao falar-se na jurisdição do Senado, logo se alude a poder arbitrário e a decisões arbitrárias; parece que o Senado tem o monopólio do arbítrio e do erro; o fato é que, bem ou mal, a Constituição elegeu o Senado e nenhum outro órgão, nem mesmo o Supremo Tribunal Federal, para processar e julgar determinados comportamentos de determinadas autoridades". São ideias radicais, mas foram testadas na experiência, na prática parlamentar e judicial. Como ministro do Supremo, Brossard foi consistente com sua posição teórica quando precisou decidir o *impeachment* de Collor. Vencido, defendeu até o fim que o Congresso deveria resolver internamente os problemas levantados por Collor – mesmo quando discordava da interpretação dada pelos legisladores.

Foi como votou, por exemplo, no último dos mandados de segurança do caso Collor, quando, após renunciar ao cargo, pediu ao Supremo que anulasse sua condenação, pelo Senado, a oito anos de suspensão de direitos políticos. Para Collor, a Constituição só previa a suspensão de direitos políticos como efeito acessório da pena de perda do cargo; como já havia renunciado ao cargo, Collor não poderia ser mais removido e, portanto, não podia sofrer a perda de direitos políticos. Para o Senado, porém, e para a maioria dos ministros do Supremo, as duas penas são autônomas. A renúncia impedia que Collor fosse removido do cargo, mas ainda poderia sofrer a segunda pena e perder seus direitos políticos.

A posição de Brossard era completamente distinta das duas acima. Brossard concordava no mérito com a interpretação de Collor, e não com a da maioria de seus colegas de tribunal. Havia inclusive defendido essa interpretação em seus textos. Mas, antes e acima disso, discordava do próprio poder do tribunal de responder àquela questão. Sua convicção sobre o papel institucional do Supremo se sobrepunha à sua certeza quanto à interpretação da Constituição nesse caso: "o Senado [...] consagrou um entendimento, que não é o meu, mas que tem o sufrágio de autores ilustres. Cuido que a doutrina vitoriosa no Senado não seja a melhor; isto não me autoriza, porém, a deferir o mandado de segurança pleiteado pelo ex-presidente".

Portanto, já no caso Collor, em uma época de muito maior deferência judicial aos poderes políticos, o tribunal não seguiu Brossard. O que dizer do Supremo do *impeachment* de agora? Quando temos clareza quanto às suas ideias, o nome de Brossard não deveria funcionar como argumento de autoridade ou benção para o Supremo de hoje. Ao contrário, ele aponta para uma maldição.

Na ADPF 387, o Supremo precisou responder se Cunha poderia ter realizado à eleição da Comissão Especial do *impeachment* por voto secreto. O Min. Fachin entendeu que "sim". O ministro Barroso divergiu e disse que "não". O caminho *brossardiano* seria uma terceira opção, que não foi efetivamente articulada por nenhum ministro naquela decisão: o Supremo não tem uma resposta a dar aqui; a resposta cabe à própria Câmara.

A mesma lógica poderia ser aplicada a todas questões que ainda surgirão nas próximas semanas. Sem dúvida, um Supremo completamente *brossardiano* seria impensável no atual processo de *impeachment*. Vivemos em uma época em que tribunais poderosos são parte do cenário político em qualquer democracia ocidental. Mesmo assim, seria possível tomar Brossard como um alerta quanto aos perigos da imoderada intervenção judicial na política. Aqui, a maldição de Brossard se torna mais visível. Quanto mais o Supremo avança, mais difícil fica a sustentar e justificar uma posição de moderação. Cada vez mais chamado a interpretar alíneas, incisos, parágrafos e vírgulas do Regimento, o tribunal não poderá mais dizer, tão facilmente, que essa ou aquela questão deve ser resolvida pelo Congresso. Afinal, como justificar que o Supremo possa decidir uma questão regimental, mas não outra? Depois de intervir no processo como já fez, qualquer moderação futura poderá soar insincera.

O Supremo de hoje está em situação delicada. Nas próximas semanas, os ministros provavelmente serão provocados a responder: (i) se pode *impeachment* por fato do mandato anterior, (ii) se a Comissão Especial pode fazer referência a fatos que não estavam na inicial, e até (iii) se os áudios ilegalmente publicizados pelo juiz Moro podem integrar o conjunto probatório. Não são simples questões de procedimento. Impactam diretamente no mérito, e talvez alguns ministros comecem a se sentir desconfortáveis nessa posição.

Agora, porém, ficou mais difícil para o tribunal dizer "isso não é comigo". A imagem de moderação depende também de como as ações do tribunal são interpretadas. Um "isso não é comigo" agora, após tantos "deixa que eu decido", corre o risco de ser lido mais como sinal de covardia ou ação estratégica, e cada vez menos como uma crença sincera nos limites do papel do tribunal. Brossard via longe em seu radicalismo. Sabia que entrar na política é uma rampa escorregadia.

Mas, afinal, porque é ruim para o Supremo entrar em todos esses conflitos no *impeachment*? O próprio Brossard responde, no julgamento do Mandado de Segurança 21.564: "Por mais trabalhadas que sejam as instituições, por não serem perfeitas, não chegam a impedir o erro, o excesso, o abuso, sempre possível, a despeito de todos os mecanismos engendrados pelos espíritos mais esclarecidos".

Alguém terá que errar por último – e é importante, no caso, que seja o Congresso. Não só por separação de poderes, mas para preservar a integridade do Supremo. Quando o processo de *impeachment* chegar ao fim, qualquer que seja ele, uma retrospectiva será feita. A intervenção do Supremo terá interferido decisivamente no resultado? Terá contribuído para este ou aquele desfecho? O Supremo foi pró ou contra o *impeachment*? Foi árbitro ou parte? São perguntas que a história vai responder. Estarão os ministros preparados para ouvir as respostas? Para além de suas biografias, isso afetará a imagem da instituição. O Supremo é, ao mesmo tempo, guardião e produto da Constituição. Quem guardará por ele?

O VOTO DO *IMPEACHMENT* E A ELEIÇÃO MUNICIPAL

Joaquim Falcão[1]

Não é somente a negociação política, a fidelidade partidária ou cargos nos ministérios que influenciará o resultado do *impeachment* – e menos ainda a discussão legal sobre se houve ou não pedalada. Essa foi debate do passado. Ganhou força no relatório de Jovair Arantes. Voltará, talvez, no Senado. Mas, por ora, está em suspenso. Quais fatores influenciarão o plenário da Câmara, deputado por deputado, na votação final? As próximas eleições municipais poderão ser fator decisivo na hora da votação. Por razão simples: deputado ou senador não é juiz; nem processo de *impeachment* é processo judicial. Explico melhor.

Se fossem iguais, o deputado teria que fundamentar, isto é, motivar seu voto. Teria que fazer como o juiz faz em sua sentença que "tendo ocorrido x, considerando a lei y, decido então dessa ou daquela maneira". Ou seja, o juiz tem que evidenciar, digamos, relação de causalidade argumentativa entre a motivação e o resultado, a absolvição ou condenação no fim da decisão. O deputado, não. E isso muda tudo.

Os fundamentos da convicção do juiz, sua motivação, são públicos. Sua decisão, também. Os fundamentos da convicção do parlamentar, seus motivos, são secretos. Sua decisão é pública. O deputado terá três minutos para falar, protestar, apoiar, por quaisquer motivos. Em outro momento, quando iniciar a votação, ele apenas declara o voto, em dez segundos. Não há uma exigência de causalidade argumentativa, como na sentença, entre o discurso e o voto. Ninguém vai saber se o motivo que o leva a dizer sim ou não ao *impeachment* é aquele que apresentou nos três minutos diante do plenário.

A motivação, na realidade, é privada, múltipla, obscura, mas o voto será público, televisionado, transmitido pela internet e pelas redes sociais para todo o país. Como foi na Comissão. Transmitido para todos os estados, para todas as comunidades, para todas as cidades, para todos os grupos e eleitores locais, que vão votar em outubro. Enfim, para todas as bases eleitorais dos atuais deputados e senadores.

---

1   Artigo publicado no jornal *Correiro Braziliense* em 14 de abril de 2016.

Essa combinação paradoxal faz toda a diferença: o segredo, no momento da convicção, e a publicidade, na hora de votar. Os mecanismos de que se tanto fala de compra de votos, de oferta de cargos, de indicações para ministérios influenciam a parte oculta da decisão: o momento da convicção. Mas a publicidade do voto de agora influenciará o momento do voto nas eleições. Não importa que o deputado não concorra agora em outubro nas eleições para prefeito, embora alguns vão disputarem.

Qualquer deputado terá que votar sintonizado com os sentimentos e interesses políticos de suas bases. Terão que prestar atenção a fatores como indignação com a corrupção, desemprego, inflação, transporte, educação, Bolsa Família e por aí vamos. A sintonia entre seu voto e sua base decidirá o seu futuro de político. Se não agora em 2016, pelo menos em 2018. A junção entre a transparência do voto e a politização das mídias sociais é que definirá se o deputado está, ou não, sintonizado com suas bases.

Sobretudo numa campanha eleitoral sem grandes recursos financeiros para comícios, mobilização, formulação de alianças em torno de ajudas mútuas. Os dois fatores principais a influenciar o voto, além dos palpáveis interesses locais, serão o horário eleitoral, como sempre, e as mídias sociais, influência em ascensão em cada nova eleição. Sobretudo nos jovens, em geral mais livres das vinculações estritamente paroquiais e municipais e muito mais conectados. Seu vizinho no bairro e na comunidade não está mais ao lado. Está ao alcance de um celular. No mundo.

A influência da transparência já levou manifestantes a instalarem na Esplanada um placar com as fotos de cada deputado favorável ou contra o *impeachment*. Isso tem provavelmente mais força política do que uma liminar de ministro do Supremo diante da repercussão das imagens na televisão e nas mídias sociais. Essa publicização do momento do voto concorrerá com a distribuição de cargos no governo ou punição partidária no momento da convicção.

Um deputado ministro terá mais possibilidade de influenciar suas bases municipais do que fora dos ministérios. Um cargo de confiança no município pode distribuir mais verba do que um sem-cargo. Conseguir mais eleitores, asfaltar mais ruas, melhorar os postos de saúde. Esta disputa entre o secreto momento da convicção do deputado e o público momento de sua decisão é uma disputa crucial para resultado do *impeachment*.

56

O QUE CUNHA QUER DO SUPREMO?

Thomaz Pereira[1]

O fatiamento do *impeachment* pelo Senado[2] é um precedente para a cassação de Eduardo Cunha? O que está realmente em jogo nessa comparação?

Embora muito tenha se escrito quanto à tentativa de estender a Cunha o *fatiamento* que os Senadores aplicaram a Dilma, há algo maior. O que pode aproximar os dois casos é o tratamento da votação como se fosse uma *proposição legislativa* como qualquer outra, e não um julgamento. Tratamento já dado no caso do *impeachment*, e que Cunha agora deseja obter junto ao Supremo. Mas conseguirá?

No caso de Dilma Rousseff, o ministro Lewandowski justificou a votação em separado da perda do cargo e da inabilitação com base em um direito genérico, no processo legislativo, que bancadas de senadores têm para desmembrar votações. É o acerto dessa decisão no caso Dilma que hoje ainda se discute no Supremo. No caso de Cunha, seus aliados pediram ao Supremo e pedirão também na Câmara – que declare ser possível propor uma pena alternativa, e mais branda, ao parecer pela cassação votado pelo Conselho de Ética. Ou seja, uma espécie de emenda parlamentar, como se o parecer do Conselho estivesse sujeito ao mesmo tipo de manobras legislativas que a votação de um projeto de lei.

Por enquanto, a estratégia de Cunha não deu certo. Os ministros não deram a liminar. O presidente da Câmara, por sua vez, indicou que deixará essa decisão a cargo do plenário.

Nos dois casos, tratar a questão como uma proposição normal dá – para o bem e para o mal – maior flexibilidade para a decisão do plenário. Nos dois casos, há três atores envolvidos na decisão. Primeiro, quem preside a sessão; segundo, o plenário; e terceiro, o que quer que aconteça, o Supremo será provocado depois da votação.

Há, no entanto, um limite importante à estratégia de Cunha. No seu caso, não é a inelegibilidade que está em jogo. Não cabe à Câmara de-

---

1   Artigo publicado no JOTA em 12 de setembro de 2016.
2   ARGUELHES, Diego Werneck. *Lewandowki e a dupla votação no julgamento de Dilma*. Publicado em JOTA em 01 set. 2016. Disponível em: <https://goo.gl/Qg1L1p>. Acesso em: 27 jun. 2017.

cidir se Cunha, se cassado, será ou não inelegível. Essa decisão caberá à justiça eleitoral, caso ele se candidate no futuro, como efeito da Lei da Ficha Limpa. Não importa o que a Câmara faça, isso não vincula o juiz eleitoral. Salvar Cunha, portanto, exige evitar sua cassação.

Mas não será fácil convencer os deputados a trocar a cassação pela pena alternativa no escuro – sem saber se o Supremo validará essa decisão.

Negando as liminares de Cunha,[3] o Supremo se colocou em posição confortável. Pode manifestar uma deferência inicial à decisão da Câmara, reservando-se o direito de, em um segundo momento, intervir se achar necessário.

Nesse contexto de incerteza jurídica, o principal precedente gerado pelo *impeachment* é que quem tem a palavra final é necessariamente o Supremo. Um precedente que mais atrapalha do que ajuda as pretensões de Cunha.

---

3   FALCÃO, Márcio. É *artificial comparação entre impeachment e cassação de Cunha, diz Fachin*. Publicado em JOTA em 12 set. 2016. Disponível em: <https://goo.gl/nPh3Us>. Acesso em: 27 jun. 2017.

57

LULA MINISTRO E O SILÊNCIO DO SUPREMO

Thomaz Pereira[1]

O Supremo encerrou 2016 sem responder algo fundamental: Lula podia ser ministro? Aparentemente, o tribunal nunca responderá essa pergunta. A nomeação do ex-presidente Lula foi, para alguns, a última cartada política para salvar o governo Dilma. Para outros, uma manobra para evitar que as denúncias contra ele fossem julgadas pelo juiz Sérgio Moro. Os livros de história talvez registrem a decisiva suspensão de sua nomeação por uma liminar do ministro Gilmar Mendes. Os livros de direito constitucional, porém, nunca poderão dizer se a liminar representava ou não o entendimento do Supremo.

Com o recebimento da denúncia e o posterior *impeachment* da presidente Dilma Rousseff, o ato que nomeava Lula ministro-chefe da Casa Civil deixou de existir, e Gilmar Mendes declarou a perda de objeto dos Mandados de Segurança (34.070 e 34.071) que questionavam sua nomeação. Existiam também duas ADPFs (390 e 391), de relatoria do ministro Teori Zavascki, ambas indeferidas liminarmente sob o argumento de, em vista da subsidiariedade, não ser esta a via adequada.

A ação que questionava o ato específico perdeu o objeto, a ação que discutia a tese em abstrato foi indeferida por ser subsidiária às ações que perderam o objeto e, com isso, a decisão que impediu a posse de Lula desapareceu do mundo jurídico sem nunca ser discutida pelo plenário do Supremo. Existiu apenas pelo tempo suficiente para gerar seus efeitos, no direito e na política, subsistindo agora apenas na história.

O que tornou possível o silêncio do plenário sobre decisão individual tão importante? O Supremo não é inerte, julga aquilo que quer, quando quer, na via processual que der. No caso, esse cálculo deliberado do *timing* se expressou tanto pela ação individual de Mendes, quanto pelo tratamento que os processos envolvidos receberam pelo plenário. Foi da interação de ambos que se produziu o problemático silêncio institucional.

O roteiro já é bem conhecido. Mandados de Segurança e ADPFs são propostas simultaneamente a cada nova crise política, são distribuídas para ministros diferentes, e liminares são concedidas e ações são indeferidas conforme a subjetividade dos relatores.

---

1   Artigo publicado no JOTA em 22 de dezembro de 2016.

No caso de Lula, como o ato que o nomeou não existe mais, não subsiste a via do mandado de segurança e, como essa existia antes, não cabia ADPF. No caso do afastamento de Eduardo Cunha da presidência da Câmara, pedida em uma cautelar em uma ação penal e em uma ADPF, apesar de concedida a cautelar – e apesar da cassação do mandato de Cunha – subsiste a ADPF para decidir a questão em tese – mesmo que, em concreto, diga respeito agora a situação de Renan Calheiros, que não foi sequer discutida no âmbito da ação penal contra ele.

A liminar de Gilmar Mendes, suspendendo a posse de Lula, é prima-irmã das controversas decisões monocráticas do ministro Marco Aurélio, suspendendo Renan Calheiros da presidência do Senado, e do ministro Luiz Fux, devolvendo à Câmara o pacote de medidas anticorrupção. No caso de Mendes, o Supremo deixou a ação perder o objeto sem se pronunciar sobre o caso; no caso de Marco Aurélio, o Supremo se pronunciou imediatamente para cassar a sua liminar; no caso de Fux ninguém sabe quando – ou, se – o plenário se manifestará sobre o caso.

Em todos os casos, o problema comum: um ministro dando uma ordem de grande impacto político, sem apoio na jurisprudência do tribunal ou em votos dos demais ministros, diante de um tribunal que se mostra incapaz, ou sem vontade, de se pronunciar coletivamente sobre o tema. No caso da nomeação de Lula, é verdade que Mendes pode ser criticado por ter concedido a ordem, mas a ausência de uma posição coletiva do tribunal naquele momento – e, provavelmente, para sempre – não é apenas sua responsabilidade.

Mendes chegou a submeter a liminar à apreciação do plenário. É verdade que isso ocorreu apenas alguns dias depois da Câmara votar a abertura do *impeachment*, mas, diante disso, foi o Supremo que optou pelo silêncio. A liminar foi pautada, mas os ministros decidiram que seria melhor julgá-la conjuntamente com as ADPFs sobre o mesmo tema. As mesmas ADPFs que posteriormente foram indeferidas liminarmente por falta de adequação, enquanto o *impeachment* se tornava um fato consumado e o Mandado de Segurança contra a nomeação de Lula perdia o objeto.

Entender o funcionamento do Supremo exige mais do que compreender suas decisões. É importante também compreender seus silêncios. Mendes falou mais alto ao suspender a nomeação, mas o silêncio do tribunal que se seguiu é ensurdecedor.

58

A OUSADIA DA LEI FEITA EM CAUSA PRÓPRIA

Silvana Batini[1]

A anistia ao caixa 2 voltou à pauta do Congresso. Alegam, seus defensores, que é preciso separar os que receberam doações "informais" daqueles que se financiaram na corrupção, já que o cenário atual acabou por confundir tudo e todos. É verdade que caixa 2 não se confunde com corrupção. Mesmo porque a Lava Jato mostrou e o Supremo acaba de reconhecer que propina pode ingressar em campanhas também pelo caixa 1.

Corrupção e caixa 2 são crimes diversos que podem coexistir ou não. Também é verdade que o delito de caixa 2 tem uma história de baixíssima eficácia, já que quase ninguém foi punido por ele. O histórico de impunidade pode estar justamente na gênese desta ideia de que o financiamento clandestino de campanhas é uma irregularidade menor e socialmente aceita. Todos faziam e, acima de tudo, todos sabiam disso.

Mal comparando, quantos de nós ficariam parados diante do sinal vermelho, assistindo a outros carros atravessarem impunemente? Mas há uma questão pouco aprofundada até agora. Campanhas eleitorais eram feitas até 2016 sem fixação de limite de gastos. Cada candidato ou partido podia dizer quanto queria gastar. Empresas podiam doar até 2% de seu faturamento. Por que, então, o caixa 2 se consagrou com a forma usual de financiamento eleitoral?

Há algumas respostas óbvias: recursos são ocultados por interesse do doador ou do candidato. E esses interesses são sempre escusos. Seja porque se trata de recursos sonegados ao Fisco, seja porque são provenientes de fontes ilícitas, ou porque são empregados na campanha ou fora dela de maneira irregular. Relativizar isso é perigoso.

Politicamente, anistiar o crime de caixa 2 tem um custo alto: a mensagem à nação de que leis eleitorais vigoram apenas enquanto não incomodam quem está no poder. Juridicamente, ainda um problema. Uma ousadia dessa natureza empurraria mais uma vez ao Supremo a tarefa de colocar ordem na casa. Afinal, uma lei em causa própria desafia o princípio da razoabilidade. E a Constituição não permite isto.

---

1   Artigo publicado no *O Globo* em 11 de março de 2017.

59

TEMER, JANOT E A LISTA DE FACHIN: INVESTIGAR É POSSÍVEL

Diego Werneck Arguelhes[1]

A "lista de Fachin", com 105 investigados na Lava Jato no Supremo, inclui oito ministros de estado[2] – alguns muito próximos do presidente Temer. Temer, porém, apesar de citado na delação da Odebrecht, está fora da lista. Não porque não haja qualquer suspeita sobre ele, mas porque o Procurador-Geral da República, Rodrigo Janot, entende não ser possível investigar o presidente da República nesse caso.

Segundo Janot, durante seu mandato, o presidente da República tem "imunidade temporária a persecução penal" por fatos alheios ao exercício da função[3] – o que incluiria quaisquer eventos ocorridos antes de assumir a presidência. Contudo, o texto constitucional não menciona expressamente "investigar" o presidente. Proíbe, sim, que ele seja "responsabilizado" por esses fatos na vigência de seu mandato,[4] mas investigar é responsabilizar?

Sem dúvida, *condenar* é responsabilizar. E é razoável defender que, pela constituição, o presidente não poderia sequer ser *denunciado* e *processado*. Afinal, se não pode ser condenado, não faria sentido haver uma denúncia formal agora, que precisaria aguardar o fim do mandato para ser julgada. Teríamos um processo que não pode seguir para sua conclusão.

Mas essa imunidade não chega até o ato de *investigar*. Investigar não é sequer a denúncia, por parte do MP, na qual se pede a responsabilização. Investigar produz informação, que pode ou não ser usada para uma futura denúncia e, talvez, responsabilização. Além disso, é a investigação de

---

1 Artigo Publicado no JOTA em 12 de abril de 2017

2 FALCÃO, Márcio; SCOCUGLIA, Livia. *Edson Fachin abre 74 inquéritos da Odebrecht no STF*. Publicado em JOTA em 11 abr. 2017. Disponível em: <https://goo.gl/2dseP8>. Acesso em: 27 jun. 2017.

3 PIRES, Breno. *PGR diz que não pode investigar Temer sobre doação ao PMDB em 2012*. Publicado em *Estado de São Paulo* em 31 mar. 2017. Disponível em: <https://goo.gl/1k7aWJ>. Acesso em: 27 jun. 2017.

4 PEREIRA, Thomaz. *Nada a Temer?* Publicado em JOTA em 09 ago. 2016. Disponível em: <https://goo.gl/gz1J8F>. Acesso em: 27 jun. 2017.

agora que garantirá que o presidente possa ser efetivamente julgado, *no futuro*, quando sair do cargo. Não apenas porque provas e testemunhas podem se tornar inacessíveis com o tempo, mas porque um presidente mal-intencionado pode usar seu cargo, nesse período de imunidade, para tornar mais difícil a investigação futura.[5]

Há, portanto, fortes argumentos – textuais e práticos – contra a leitura ampliada que o PGR deu fez da imunidade presidencial. Embora essa me pareça a melhor interpretação do texto constitucional,[6] não é a única possível. Disputas sobre o significado da Constituição são normais. Contudo, independentemente do mérito da interpretação que expande a imunidade presidencial, sua adoção pelo PGR no caso de Temer tem três implicações institucionais importantes.

Primeiro, o PGR retirou do Supremo a chance de decidir sobre sua própria jurisprudência. Como observei em texto anterior,[7] no passado ministros do Supremo já entenderam que a constituição permite a investigação. Em 1992, por exemplo, em inquérito sobre crimes – eleitorais – que Fernando Collor teria praticado durante a campanha, o ministro Celso de Mello observou que a imunidade presidencial "não impede que, por iniciativa do Ministério Público, sejam ordenadas e praticadas, na fase pré-processual do procedimento investigatório, diligências de caráter instrutório destinadas a [...] viabilizar, no momento oportuno, o ajuizamento da ação penal". Na época, nem todos os ministros concordaram. O inquérito foi arquivado sem uma decisão clara do Supremo sobre esse ponto.

A distinção entre "investigar" e "processar" reapareceu algumas vezes no Supremo desde então. Em especial, em 2015, o ministro Teori Zavascki voltou ao tema em inquérito sobre condutas que Dilma Rousseff teria praticado ainda no conselho diretor da Petrobrás. Ao aceitar o pedido do PGR de arquivamento por falta de indícios, Zavascki – dialogando diretamente, nos autos, com a tese de Janot – registrou que, na jurisprudência do Supremo, a constituição *não* proibiria a investigação no caso de Dilma se houvesse indícios para tanto.

---

5   ARGUELHES, Diego Werneck. *Temer e Lava Jato: não é proibido investigar*. Publicado em JOTA em 06 jan. 2017. Disponível em: <https://goo.gl/1bY4M2F>. Acesso em: 27 jun. 2017.

6   Idem.

7   Idem.

O PGR pode discordar de Zavascki. Mas, no mínimo, houve ali uma sinalização de que há interpretações divergentes. E, se há divergências sobre tema tão central, quem deve resolvê-las é o colegiado do Supremo. Contudo, ao pedir o arquivamento, Janot resolve esse conflito jurisprudencial nos seus próprios termos, e por suas próprias mãos, em instância única. Tornou-se assim o intérprete último da Constituição quanto a possibilidade de se investigar Temer.

Segundo, querendo ou não, além de imunizar juridicamente o presidente, acaba por imunizá-lo também politicamente. A imunidade é contra responsabilização penal, não contra fatos e seu efeito público. A Constituição exige que esperemos o fim do mandato para processarmos um presidente por fatos alheios à função. Mas não impede o juízo público sobre esses fatos, que podem inclusive pesar na campanha eleitoral de 2018.

Terceiro, o PGR exerceu importante poder, mas nublando a responsabilidade por sua decisão. Pela Constituição, o PGR controla quando o presidente será denunciado. Consequentemente, deveria ser avaliado publicamente quanto ao uso que faz – ou não – deste poder em cada caso, considerando os fatos que apurou e que considera – ou não – suficientes para a denúncia. Com sua interpretação, porém, o PGR parece transferir a responsabilidade para a Constituição. Na prática, temos uma decisão de não-investigação, mas sem que o PGR figure claramente como responsável.

Apresentou-se de mãos atadas, como se o texto constitucional o proibisse até mesmo decidir se investiga ou não, mas essa imagem é enganosa. A constituição não se interpreta sozinha. A responsabilidade é de quem assim a interpretou. A posição de Janot cria ainda um problema adicional para futuros PGRs. Nas indicações e sabatinas para o cargo, presidentes e senadores auto-interessados podem escolher candidatos com base na pergunta: qual sua visão sobre a extensão da imunidade presidencial? Escolher investigar ou não depende do caso, mas adotar ou não a posição de Janot sobre a imunidade presidencial é uma questão de direito. Pode ser respondida em tese. Para preservar a autonomia da instituição no futuro, portanto, seria preciso que o PGR de hoje não tentasse transformar seu monopólio da ação penal em monopólio da interpretação constitucional.

60

A DIFÍCIL APOSTA ENTRE ELEIÇÃO DIRETA E INDIRETA

Diego Werneck Arguelhes[1]

Com exceção de uma cassação pelo TSE, os caminhos institucionais postos para iniciar uma nova Presidência exigem grande articulação do Congresso: emenda constitucional antecipando eleições, *impeachment* pelo Senado ou condenação por crime comum no Supremo – que exige autorização prévia da Câmara. Apontam para "saídas" distintas para o País: o novo presidente seria escolhido direta ou indiretamente?

Pode parecer uma questão de engenharia reversa. Quem concorda com os rumos das políticas do governo, ou teme criar instabilidade política adicional, preferirá um caminho que leve à eleição indireta. Quem crê na necessidade de refundar a legitimidade do governo, em contraste, enfocará as opções que resultem em eleição direta.

Na prática, não é tão simples. Nenhum dos caminhos garantirá o resultado desejado, nos termos desejados, no tempo desejado. Pela Constituição, se o cargo de Temer ficar vago, deve haver eleição indireta pelo Congresso em até 30 dias. Seria o caso tanto no *impeachment* quanto na condenação por crime comum. As regras para realizar eleição indireta, porém, são antigas e confusas, com promessa de intervenções judiciais pela frente.

Na cassação pelo TSE, há ainda mais incerteza. Abaixo da Constituição, a lei eleitoral de 2015 estabeleceu eleição direta quando houver cassação pela Justiça Eleitoral e faltarem menos de seis meses para o fim do mandato. Há uma ação pendente no Supremo para definir qual das regras se aplica.

A emenda constitucional mudaria o texto para antecipar eleições diretas. Mas ela envolve dilemas jurídicos: seria possível fazer isso com Temer ainda no cargo, se for o caso? Qual a duração do mandato do novo escolhido? Até 2018 ou além? Ou seriam quatro anos, descolando-se as eleições congressuais da eleição presidencial? Caberia ao Supremo decidir se esses arranjos violam ou não cláusulas pétreas como o voto periódico e a separação de poderes.

---

1   Artigo publicado no *Estado de São Paulo* em 18 de maio de 2017.

Dois conjuntos de incertezas, portanto, uma apostando no voto popular, outra na ação e negociação de políticos. Em qualquer hipótese, porém, o Supremo decidirá, sozinho, qual a extensão de sua própria participação. Participação que, hoje sabemos, está muito longe de garantir certeza e previsibilidade. Em qualquer cenário, portanto, é preciso considerar se a intervenção judicial poderá colocar em xeque os próprios fins que se tem em mente: a estabilidade e a soberania popular.

61

O SUPREMO É O GESTOR DA INCERTEZA

Joaquim Falcão | Thomaz Pereira[1]

Michel Temer reagiu. Vai se defender no Supremo. Aguarda a demonstração dos fatos. Aguardamos todos os possíveis desfechos dessa espera. Todos os caminhos levam ao Supremo. O que não é surpresa. Quando a política, a economia e a cultura não conseguem resolver suas incertezas, vão buscar o Supremo. Mas o Supremo, por sua vez, é cheio de incertezas.

Para entender estes caminhos é preciso considerar pelo menos três variáveis. Qual o tipo processual? O Supremo é uma casa com muitas portas abertas. São mais de trinta ativas, tais como ações diretas de inconstitucionalidade, arguições de descumprimento de preceito fundamental, agravos, *habeas corpus*, recursos extraordinários, ações penais e tantos outros.

Quem será o relator? Será por sorteio. Entre os dez ministros, excluída a presidente Cármen Lúcia. Voltará à cena o famoso algoritmo que controla essa distribuição e a necessidade de transparência para que haja plena confiança no processo. Finalmente, a última variável é saber quais os prazos para decisão de cada caminho e por cada relator. Vai depender do ministro, da pauta, do número de recursos a serem apresentados etc... O Brasil já conhece bem este roteiro.

Enfim, o conjunto de caminhos forma um quebra-cabeças. Um exercício de cálculo de riscos, cenários possíveis e incertezas diferenciadas. Já há hoje, no entanto, alguns caminhos abertos.

O primeiro é o inquérito no Supremo, que surgiu da delação da JBS. O relator já é conhecido: é Edson Fachin. Nele se investigam os atos de que Temer é acusado, em preparação para uma eventual denúncia de Rodrigo Janot. Se oferecida a denúncia, será necessária a autorização da Câmara, antes que o Supremo avalie se a aceita ou não. Esta autorização do Congresso faz parte do equilíbrio dos poderes, como também já foi visto o caso do *impeachment* de Dilma Rousseff. Mas no *impeachment* a decisão final foi do Senado. No caso de crime comum, como parecem ser os que se investiga nesse inquérito, será o Supremo. Aceita a denúncia, Temer seria afastado por 180 dias enquanto aguarda o seu desfecho.

---

1   Artigo publicado no jornal *Correio Braziliense* em 19 de maio de 2017.

Outro caminho também já aberto são os diversos pedidos de *impeachment*. Tais como o já apresentado por Alessandro Molon, esses correm na Câmara. O rito a essa altura é bem conhecido por todos, mas se Eduardo Cunha autorizou o início de um processo *impeachment* que terminou na posse de Temer. Rodrigo Maia poderá dar início a um processo que terminaria com ele próprio na Presidência. Mesmo que apenas por trinta dias. Mesmo que apenas para conduzir eleições indiretas.

Este um ponto sensível. Maia estará envolvido com uma decisão que poderá lhe beneficiar. No fundo, todos esses caminhos têm que ser analisados não somente por sua legalidade, mas também por sua legitimidade. Isto é, até que ponto os cidadãos, a classe política, e a economia vai estar de acordo com as decisões tomadas.

Poderá Maia assumir a presidência? Dependerá da autorização da Câmara e do recebimento da denúncia no Senado. Dependerá também de que ele próprio não tenha denúncia aceita contra si no Supremo. Até agora, não tem. No Supremo, o relator da Lava Jato e do inquérito sobre Temer é Fachin. Mas futuras ações questionando o *impeachment* serão livremente distribuídas entre seus ministros. O relator terá muito controle.

Finalmente a terceira via é a do Tribunal Superior Eleitoral, onde corre o julgamento da chapa Dilma-Temer. No TSE, Herman Benjamin é o relator da cassação da chapa Dilma-Temer. A data do julgamento está marcada para junho. Ele dará início, mas não tem controle sobre o seu fim. Num primeiro momento outros ministros podem pedir vistas. Depois do seu término caberá recurso ao Supremo. Quem será o relator? Quanto tempo o Supremo demorará para decidir?

Existe, porém, um outro caminho que não depende exclusivamente do Supremo: a renúncia. Temer a evitou por enquanto. E pode se defender juridicamente. A questão, no entanto, passa a ser de governabilidade. Ou seja, a de se, e como, manterá ou não sua base política no Congresso.

Temer foi muito incisivo em dizer "não renunciarei". Mas isso pode ser tanto uma decisão final. Disposição de lutar até o fim. O que de resto Dilma teve. Ou pode ser apenas uma disposição que mudará de acordo com a conjuntura. Não renunciar hoje não implica necessariamente que não renunciará amanhã.

Esses são os caminhos até agora. Não são os únicos. Há sempre espaço para a criatividade dos advogados de chegar ao Supremo. Portanto, sabemos que tudo acaba no Supremo. Na quinta-feira, dia seguinte ao surgimento das denúncias, o Supremo levou vida normal. Como se nada tivesse acontecido. Como se o Supremo estivesse dando tempo para que uma solução política ocorra. Ou para que mais fatos se revelem.

Ou seja, tudo acaba no Supremo, por sua ação, ou por sua inação. Por sua voz, ou por seu silêncio. Às vezes, o silencio é para ouvir o Congresso, as ruas, as mídias sociais e as bolsas de valores.

62

A CASSAÇÃO DE TEMER: O QUE ESPERAR DO SUPREMO?

Thomaz Pereira[1]

Com a decisão do TSE contra a cassação, seguirão agora os questionamentos no Supremo. A Rede já entrou com uma Reclamação pedindo a nulidade do julgamento,[2] e o Ministério Público também planeja recorrer para o tribunal.[3]

Em tese, o Supremo poderia rever a decisão do TSE. A ação de impugnação de mandato eletivo (AIME) é uma ação constitucional. É a Constituição que prevê seu prazo decadencial de quinze dias. Para a maioria no TSE, justamente por esse prazo ser tão curto, não seria possível cassar a chapa com base nas informações que surgiram após o início da ação – apesar das provas produzidas. Para a minoria vencida, ao contrário, considerar esses fatos não extrapolaria o objeto do pedido e seria normal considerar provas produzidas posteriormente; caso contrário, o controle do TSE ficaria muito reduzido na prática.[4]

Duas interpretações divergentes de um dispositivo constitucional. Contra a decisão da maioria, cabe Recurso Extraordinário, dando a chance de uma maioria no Supremo confirmar ou rejeitar a polêmica decisão dos quatro ministros do TSE. Mas, na prática, o que esperar do Supremo? Dois fatores parecem relevantes para responder essa pergunta: quanto tempo o Supremo levaria para decidir, e qual tem sido a tendência do tribunal ao analisar decisões do TSE sobre cassação?

O Ministério Público só deve recorrer depois da publicação do acórdão no TSE. Entre 2012 e maio de 2017, o tribunal levou em média 44 dias

---

1   Artigo publicado no JOTA em 13 de junho de 2017.
2   ALVES, Raquel. *Rede quer anular no STF decisão do TSE que absolveu Temer*. Publicado em JOTA em 12 jun. 2017. Disponível em: <https://goo.gl/L9MPBc>. Acesso em: 27 jun. 2017.
3   ESCOSTEGUY, Diego. *MP vai ao Supremo para derrubar decisão do TSE que absolveu chapa Dilma-Temer*. Publicado em *Época* em 11 jun. 2017. Disponível em: <https://goo.gl/Vw59Jn>. Acesso em: 27 jun. 2017.
4   BATINI, Silvana. *O TSE pode fazer de conta que a Lava Jato não existe*. Publicado em JOTA em 5 jun. 2017. Disponível em: <https://goo.gl/1vZyue>. Acesso em: 27 jun. 2017.

para publicar acórdãos, segundo dados do projeto Supremo em Números da FGV Direito Rio.[5] Depois disso, no Supremo, os 840 recursos extraordinários e respectivos agravos que ingressaram entre 2012-2016 originados do TSE levaram 214 para transitar em julgado. Sendo que, nos casos que envolvem cassação – 132 processos –, a média aumenta para 241 dias.

O tempo está do lado de Temer. Com cerca de um ano e meio até o fim de seu mandato, a demora natural do processamento desse recurso significa que não deve ser esse o meio para a sua saída. Pelo menos, não por enquanto. Quanto à tendência geral do Supremo, nos recursos originados do TSE, apenas 0,7% das decisões de mérito revertiam a decisão recorrida. Quanto à ação da Rede, nesse mesmo período houve apenas 20 Reclamações no Supremo contra atos do TSE, demorando em média 245 dias para transitar e nenhuma delas teve decisão favorável até agora.

Ou seja, o comportamento normal do TSE e do Supremo sugere ser improvável que a Reclamação da Rede e um eventual Recurso Extraordinário do Ministério Público sejam concluídos ainda este ano. Sugere ainda que esse tipo de processo não prospera no tribunal, que tenderia a não rever decisões do TSE.

É claro que esse caso não precisa refletir a tendência. Um recurso do Ministério Público pedindo a revisão de decisão do TSE sobre a cassação do presidente da República está longe de ser algo normal. O eventual relator desse recurso no Supremo e a presidente Cármen Lúcia têm muito poder individual sobre velocidade do seu processamento, podendo, respectivamente, determinar quando o processo seria liberado para pauta e, depois disso, quando ele seria efetivamente pautado. Assim como, qualquer ministro individual, pedindo vista, tem o poder de suspender o seu trâmite.

Dessa forma, por mais extraordinário que seja, esse processo estaria sujeito a todos os fatores normais que afetam a tramitação de outros recursos no Supremo. E é exatamente a conjugação de todos esses fatores normais que tendem a explicar o tempo necessário para julgar esses casos. Quanto a isso, ele seria um processo como qualquer outro.

Enfim, não é claro se a extraordinariedade desse processo tenderia a acentuar ou diminuir as tendências normais do tribunal. Mas, mesmo que, diante das inúmeras críticas feitas à decisão do TSE, o Supremo decida nesse caso excepcionalmente dar procedência ao recurso do

---

5   SUPREMO EM NÚMEROS. Disponível em: <http://www.fgv.br/supremoemnumeros/>. Acesso em: 27 jun. 2017.

Ministério Público, quão provável é que ele seja duplamente excepcional: no resultado e no tempo de processamento?

Segurança e celeridade é o que deveria se esperar do Supremo sempre, e especialmente em um caso dessa relevância. No entanto, no caso do Supremo, isso infelizmente está longe de ser o normal.

63

RODRIGO MAIA: O SENHOR DO *IMPEACHMENT*

Luiz Fernando Gomes Esteves[1]

Com a rejeição do pedido de cassação da chapa Dilma-Temer pelo TSE, as atenções se voltam novamente para os pedidos de *impeachment* contra Temer apresentados na Câmara dos Deputados. Neste cenário, surge a pergunta: "Quantos parlamentares são necessários para que o Presidente da República seja retirado do cargo através do processo de *impeachment*?". A resposta é simples: 396, sendo 342 deputados federais e 54 senadores, isto é, dois terços dos membros de cada casa.

Outra pergunta, porém, possui uma resposta menos óbvia: De quantos parlamentares o Presidente da República precisa para evitar o processamento do *impeachment*? Hoje, a resposta correta é: apenas um, desde que esse parlamentar seja o Presidente da Câmara dos Deputados.

Nas semanas que se seguiram à crise desencadeada pela delação de Joesley Batista, pelo menos dezenove pedidos de *impeachment* foram recebidos pela Câmara dos Deputados. Desses pedidos, apenas um foi apreciado e arquivado pelo Presidente da Câmara, deputado Rodrigo Maia. Os outros dezoito pedidos sequer foram apreciados.[2] Ou seja, um único parlamentar foi suficiente para impedir, até o momento, o processamento de todos os pedidos de *impeachment* apresentados contra Temer.

A Constituição estabelece que cabe à Câmara, através do voto de dois terços de seus membros, a instauração do processo contra o Presidente da República, sem indicar, todavia, como deveria ocorrer o processamento. Coube então ao regimento interno dispor sobre a questão, e foi atribuída ao Presidente da Câmara, expressamente, a tarefa de receber a denúncia, para verificar – mediante despacho, e não decisão – a presença dos requisitos formais, como a assinatura, a verificação de documentos, e o rol de testemunhas. Como muito bem observado

---

1 Artigo publicado no JOTA em 21 de junho de 2017.
2 O GLOBO. *Maia trava pedidos de impeachment, e oposição promete ir ao STF*. Publicado em16 jun. 2017. Disponível em: <https://goo.gl/vkqaap>. Acesso em: 27 jun. 2017.

em outro artigo publicado nesta coluna, a função do Presidente da Câmara é muito mais de cartorário do que de juiz.³

Na prática, no entanto, já no início do processo, ao receber a denúncia, Rodrigo Maia escolhe quando decidir. Na ausência de regra expressa estabelecendo um prazo máximo para a emissão do despacho que aceita ou rejeita a denúncia, a interpretação conferida pelo Presidente da Câmara é a de que não há prazo. Esse é o primeiro poder de Maia para impedir o processamento do *impeachment*: Definir quando irá decidir.

O segundo poder de Maia tem a ver com o despacho que aceita ou rejeita o processamento da denúncia. Neste caso, apesar da função meramente cartorária indicada pelo regimento interna, o Supremo ampliou os poderes do Presidente da Câmara, conferindo também um controle de mérito, ao indicar que a rejeição preliminar e individual do pedido é possível "quando, de logo, se evidencie, por exemplo, ser a acusação abusiva, leviana, inepta, formal ou substancialmente". Portanto, o segundo poder de Maia é: Decidir, individualmente, sobre a rejeição ou o prosseguimento da denúncia.

A questão aqui é que, seja qual for o tipo de controle exercido pelo presidente da Câmara, a prática do "bem-sucedido" *impeachment* de Dilma, assim como do "natimorto" pedido de *impeachment* do então vice-presidente Michel Temer, mostraram que para a continuidade da denúncia é imprescindível uma atuação ativa do Presidente da Câmara. Nada superou esses primeiros filtros, nem mesmo decisão proferida por ministro do STF.⁴

Porém, o próprio regimento da Câmara prevê a possibilidade de controle dessa atribuição individual de seu presidente, através de recurso dirigido ao plenário por 1/10 dos deputados. Todavia, o regimento concede ao chefe da Câmara uma nova oportunidade para evitar o processamento do pedido, pois, de acordo com as regras regimentais, é atribuição do Presidente elaborar a agenda de votações. Eis o terceiro poder de Maia: Definir quando o plenário julgará o recurso contra sua decisão.

---

3   PEREIRA, Thomaz. *Quais os poderes de Eduardo Cunha no impeachment?* Publicado em JOTA em 05 abr. 2016. Disponível em: <https://goo.gl/ykkPMm>. Acesso em: 27 jun. 2017.

4   G1. *Marco Aurélio pede para MP apurar descumprimento de decisão sobre abertura de impeachment contra Temer.* Publicado em 20 abr. 2017. Disponível em: <https://goo.gl/VLXkjr>. Acesso em: 27 jun. 2017.

Em um ambiente de grave crise política, essa atribuição não é desprezível, pois é possível antecipar que, em um julgamento político e jurídico – como é o processo de *impeachment* – a decisão favorável do plenário quanto à admissibilidade de uma denúncia representaria um duro golpe no governo.

O desenho conferido pela norma de organização da Câmara, portanto, concentra poderes em seu presidente para decidir sobre o *impeachment* do Presidente da República. Em primeiro lugar, para definir quando irá decidir sobre o pedido. Depois, para decidir sozinho se o pedido de *impeachment* será ou não processado. Porém, na hipótese de recurso contra essa decisão, surge um terceiro poder, que é o de indicar "se" e "quando" o plenário decidirá sobre o pedido.

Com isso, na prática, Temer precisa apenas de Rodrigo Maia para evitar que os pedidos de *impeachment* apresentados na Câmara tenham prosseguimento. Essa concentração de poderes é uma escolha dos próprios deputados, já que eles podem manter ou alterar as normas regimentais que regulamentam o assunto. No final das contas, cabe à própria Câmara, e aos seus deputados, definir como ocorrerá o recebimento dos pedidos de *impeachment*. Hoje, 513 deputados parecem não ver problemas em deixar que apenas um deles, sozinho, resolva o destino do Presidente da República.

64

O ATIVISMO PROCESSUAL DO SUPREMO

Joaquim Falcão[1]

Um magistrado já disse: "Quando julgo sei que serei julgado". Quando passar a grave crise institucional que atravessamos, a sociedade vai julgar não apenas um ou outro magistrado ou mesmo ministro do Supremo, individualmente. Vai julgar o desempenho mais amplo: do poder Judiciário em geral e do Supremo em específico, como instituições. Aplicaram e interpretaram a Constituição de acordo com as demandas éticas e de justiça da sociedade? De acordo com o Estado Democrático de Direito? Como instituições, foram imparciais? Respeitaram o devido processo legal?

Aumentaram ou diminuíram a imprevisibilidade judicial? A resposta que todos esperam é que o Supremo tenha reduzido as incertezas políticas e econômicas. Tornado o país economicamente mais igual e mais ético no trato da coisa pública. Com maior segurança jurídica. Que cumpra prazos e deveres constitucionais. Mas uma análise do que chamamos de constitucionalismo de realidade tem que trabalhar com a hipótese de que isto pode acontecer, ou não. Que o Supremo, em vez de diminuir as incertezas, pode aumentá-las no médio e curto prazo. Que em vez de segurança, pode trazer insegurança jurídica. Será na comparação que opinião pública, mídias sociais, eleitores, profissionais jurídicos, empresários, trabalhadores e classe política farão entre o que constitucionalmente se esperava do Supremo e o que de fato foi entregue, onde estará o futuro do Supremo.

O Supremo continuar Supremo não é destino. Não é *datum* imutável. É tarefa árdua. É constructo permanente. Explicito melhor. As pesquisas de confiança sobre instituições revelam, por exemplo, que os brasileiros confiam mais nas Forças Armadas, na Igreja Católica e no Ministério Público, do que no próprio poder Judiciário.

Ao mesmo tempo, pesquisas mostram que crescem demandas dos cidadãos no poder Judiciário para resolver seus conflitos. Como explicar este aparente paradoxo? Acredito que o cidadão é a favor do poder Judiciário porque na democracia é necessário que uma instituição resolva os conflitos sociais. Sem este poder é pior. Prevalece a lei do mais forte fisicamente. Daí a crescente violência de nossas cidades. Ou prevalece a lei do mais forte economicamente. Daí as crescentes demandas de consumidor.

---

1 Artigo publicado na revista *Tribuna do Advogado* em junho de 2017.

O cidadão, por um lado, precisa da instituição judicial para viver em paz. Por outro, nela não confia o suficiente. Gostaria dele menos lento, mais ético, mais imparcial e por aí vamos. A questão crucial é saber se o atual Supremo e Judiciário, depois de aplacada a crise institucional e solucionadas as denúncias levantadas pela Lava Jato, Zelotes, Calicute, Águas Claras, terão índices maiores de confiança dos cidadãos.

São múltiplos riscos e obstáculos a transpor. Não me preocupa na Lava Jato e na crise da JBS, o que muitos temem: parcialidade material do Supremo enquanto instituição. Não me preocupa o "ativismo material", como nos casos de aborto, união homoafetiva, células troncos e quotas, que muitos reclamam, sobretudo quando estas decisões vêm do plenário do Supremo.

No plenário, divergências, discussões interpretativas, e pluralidade de votos cumprem função estabilizadora. Neutralizam influências individualizadas. Preocupa-me o crescente insidioso ativismo processual, que raramente se revela como tal. Muita vez, esconde disputas internas – doutrinárias, ideológicas ou mesmo partidárias – entre ministros isoladamente ou turmas.

O que é este ativismo processual? Ele é filho direto da simbiose entre, de um lado, o Supremo Monocrático, o Supremo Individualizado, o Supremo do ministro eu sozinho, o Supremo de ministros contra o plenário. De outro, a gestão individualizada dos tempos e prazos processuais. Das decisões, ou não decisões, através de liminares, pautas, agravos, cautelares, embargos, da incerteza sobre suspeições e impedimentos de ministros, e por aí vamos.

É preciso analisar consequências conjunturais das decisões individualizadas. Análises raramente consideram o macro poder conjuntural da decisão do ministro ou da turma. Seu efeito em mudar o rumo previsível do processo. Para obter maiorias estratégicas em turmas. Contar com nova composição do Supremo. Não enfrentar a pauta com o fim de manter determinada solução política ou econômica fora do Supremo. Adiar decisões para favorecer este ou aquele réu.

Usar o foro privilegiado para aumentar a probabilidade de absolvição. O ministro Barroso fez proposta para manter como foro privilegiado no Supremo apenas atos relacionados ao cargo e durante seu exercício. Só sobrariam no tribunal 5,71% das ações penais.

A atual imprevisibilidade do processo é ameaça maior à segurança jurídica. Diz respeito aos caminhos da decisão. E não ao mencionado e eventual "ativismo material", que se relaciona com o conteúdo da decisão, quando o supremo teria invadido áreas do Congresso ou do Executivo.

Ao não pautar até hoje ações sobre planos econômicos ajuizadas décadas atrás, o Supremo toma decisão recôndita: favorece, ainda que temporariamente, a legalidade do status quo. Ou seja, favorece determinado fluxo financeiro de uma das partes ou do Tesouro Nacional. A falta de decisão, é forma recôndita de fazer política econômica. Como quem não quer, querendo.

Ao não julgar liminar sobre a proibição de Lula assumir um Ministério no governo Dilma, o Supremo criou condições para que esta crucial decisão perdesse objeto. O Supremo, por silêncio processual, favoreceu o *impeachment* de Dilma. Fez política. O mesmo faz quando não pauta questões relativas à inelegibilidade de Dilma Rousseff. Estimula sua candidatura nas eleições de 2018.

Este ativismo processual tem dois mecanismos privilegiados. Aqui, a jurisprudência tem função apenas doutrinária ou argumentativa. Não detém a função vinculativa que tem em alguns países anglo saxônicos. Somos diferentes. A ideia pode ser a mesma, mas a realidade prática é diferente.

Quando um advogado contrata com um cliente, pede ao estagiário que encontre jurisprudência a favor de sua tese. Só que o advogado da parte contrária faz o mesmo. E o juiz vai julgar sem saber qual a jurisprudência que de fato predomina. Os tribunais não têm sistemas de informações, bancos de dados, procedimentos administrativos, capazes de limpidamente oferecer esta resposta. A incerteza judicial se transforma em insegurança jurídica.

Os pedidos de vista são talvez o melhor exemplo deste ativismo processual. Como já ensinou o professor Diego Werneck, pedido de pauta não devolvido no prazo regimental é, sobretudo, veto interno que o ministro faz aos seus demais colegas. Proibindo-os de decidir. Manter a questão sem decisão talvez seja seu objetivo de mérito principal.

Os ministros não podem nem devem ser homogêneos sobre o que é justo ou não, no mérito. O que é constitucional ou não, mas precisam concordar num mínimo de regras previsíveis sobre sujeitos, etapas e prazos do processo decisório. Um comportamento processual homogêneo, dentro e fora dos autos. A proibição de pronunciamentos públicos, de antecipações midiáticas de votos, e de relacionamentos com réus, é indispensável ao devido processo legal. Devia ser a realidade. Não é.

No caso da Lava jato e de questões relacionadas ao foro privilegiado, esta incerteza processual é magnetizada porque os onze ministros do Supremo foram indicados por Presidentes investigados ou mencionados na Lava Jato. A pressão política pode chegar a níveis inimagináveis. Aí mora o perigo do Estado Democrático de Direito.

A CRISE E O *IMPEACHMENT*: CRONOLOGIA DOS PRINCIPAIS FATOS

Dezembro de 2014

18/12/2014 – Pedido de cassação da chapa vencedora Dilma-Temer pelo PSDB.

Setembro de 2015

01/09/2015 – Hélio Bicudo, Janaína Pascoal, Miguel Reale Jr. e Flávio Costa apresentam pedido de *impeachment* contra Dilma Rousseff junto à Câmara dos Deputdos.

10/09/2015 – Deputados lançam *site* para coletar assinaturas pró-*impeachment*.

15/09/2015 – No plenário da Câmara dos Deputados, a oposição apresenta questão de ordem pedindo que o presidente da Câmara, Eduardo Cunha (PMDB – RJ), se pronuncie sobre qual rito irá adotar na análise dos pedidos de *impeachment* de Dilma Rousseff (PT).

23/09/2015 – Eduardo Cunha (PMDB – RJ) responde à questão de ordem da oposição, apresentando as regras que seguirá no rito do processo de *impeachment*.

Outubro de 2015

10/10/2015 – Deputados Wadih Damous (PT – RJ), Rubens Pereira Júnior (PCdoB – MA) e Paulo Teixeira (PT – SP) pedem ao Supremo que impeça a Câmara dos Deputados de dar andamento a novos pedidos de *impeachment* contra a presidente Dilma Rousseff (PT). Em seu pedido, Damous afirma que somente uma lei poderia definir o rito de tramitação.

13/10/2015 – Ministros do Supremo Teori Zavascki e Rosa Weber concedem liminares impedindo que Eduardo Cunha (PMDB – RJ) leve adiante o roteiro estabelecido na questão de ordem.

19/10/2015 – Eduardo Cunha (PMDB – RJ) recorre contra suspensão do rito de *impeachment*.

29/10/2015 – Eduardo Cunha (PMDB – RJ) revoga sua decisão anterior com o rito do *impeachment*. Com revogação, valem regras previstas na Constituição e no regimento.

Novembro de 2015

24/11/2015 – Ministro Teori Zavascki determina a prisão preventiva do senador Delcídio do Amaral (PT – MS).

25/11/2015 – PF prende Delcídio Amaral (PT – MS), suspeito de atrapalhar Lava Jato. O senador foi flagrado em áudio tentando evitar que seu nome e o do banqueiro André Esteves fossem citados pelo ex-diretor da Petrobrás Nestor Cerveró.

25/11/2015 – A Segunda Turma do Supremo mantém, por unanimidade, a decisão do ministro Teori Zavascki, determinando a prisão preventiva de Delcídio do Amaral (PT – MS). A turma define também que a decisão deverá ser comunicada em 24 horas ao Senado Federal, para que a Casa decida pelos votos da maioria se a prisão deve ser mantida (artigo 53, parágrafo 2º, da Constituição Federal).

25/11/2015 – No Supremo, ministro Edson Fachin defere dois mandados de segurança dos senadores Randolfe Rodrigues (Rede – AP) e Ronaldo Caiado (DEM – GO) e determina que o Senado realize uma votação aberta para decidir a manutenção da prisão do senador Delcídio do Amaral (PT – MS). Paralelamente, o Plenário do Senado decide, por 52 votos a 20, que a votação sobre a prisão do senador deve ser aberta – e, em seguida, por 59 votos contra 13, os senadores decidem manter a prisão.

Dezembro de 2015

02/12/2015 – O presidente da Câmara dos Deputados Eduardo Cunha (PMDB – RJ) aceita e inicia a tramitação do pedido de *impeachment* contra Dilma Rousseff. Trata-se do pedido apresentado em setembro de 2015 por Hélio Bicudo, Janaína Pascoal, Miguel Reale Jr. e Flávio Costa.

03/12/2015 – Em ação junto ao Supremo (ADPF 378), com pedido de medida cautelar, o PCdoB questiona normas que disciplinam processo de *impeachment*. O partido questiona a compatibilidade da lei do *impeachment* (Lei 1.079/1950) com a Constituição Federal de 1988.

08/12/2015 – Início da votação (secreta) para eleger os integrantes da Comissão Especial de *Impeachment* na Câmara. No mesmo dia, o ministro Edson Fachin suspende o andamento do pedido de *impeachment* contra a presidente Dilma Rousseff, em decisão liminar na ADPF 378, proposta pelo PCdoB.

16 e 17/12/2015 – Julgamento da ADPF 378 pelo Supremo. Por maioria, o tribunal anula a eleição da Comissão Especial feita pela Câmara e estabelece um rito para o *impeachment*, determinando que: 1) A Comissão Especial da Câmara só pode ser formada por indicados pelos líderes de partidos, não podendo haver "chapa avulsa"; 2) A eleição da Comissão deve ser por votação aberta, e não secreta. 3) O Senado tem poder para rejeitar a denúncia por maioria, mesmo após autorização da Câmara, e antes de o presidente da república ser suspenso do seu cargo.

16/12/2015 – O procurador-geral da república, Rodrigo Janot, pede ao Supremo o afastamento cautelar de Eduardo Cunha (PMDB – RJ) dos cargos de deputado federal e presidente da Câmara.

Fevereiro de 2016

01/02/2016 – Embargos de Declaração, pela Câmara dos Deputados, contra decisão do Supremo na ADPF 378.

07/02/2016 – Em mudança de sua jurisprudência, plenário do Supremo passar a permitir prisão a partir da decisão em segunda instância, mesmo enquanto houver recursos pendentes.

16/02/2016 – Supremo rejeita os Embargos de Declaração na ADPF 378.

19/02/2016 – Delcídio do Amaral (PT – MS) sai da prisão após negociar acordo de delação premiada

Março de 2016

16/03/2016 – Dilma Rousseff nomeia ex-presidente Luiz Inácio Lula da Silva ministro-chefe da Casa Civil.

16/03/2016 – O juiz Sérgio Moro, da 13ª Vara Federal de Curitiba (PR), levanta o sigilo de interceptações telefônicas do ex-presidente Luiz Inácio Lula da Silva. As conversas gravadas pela Polícia Federal incluem diálogo com a presidente Dilma Rousseff.

17/03/2016 – Luiz Inácio Lula da Silva toma posse como ministro-chefe da Casa Civil.

17/03/2016 – O juiz federal da 4ª Vara do Distrito Federal suspende, por meio de decisão liminar, a posse do ex-presidente Luiz Inácio Lula da Silva (PT) na Casa Civil. Decisão tomada em ação popular movida pelo advogado Enio Meregalli Júnior.

17/03/2016 – Em votação aberta, Câmara elege os 65 participantes da Comissão Especial de *Impeachment*.

17/03/2016 – O deputado federal Rogério Rosso (PSD – DF) é eleito o presidente da Comissão Especial de *Impeachment*, e Jovair Arantes (PTB – GO) é nomeado relator do processo.

18/03/2016 – O ministro Gilmar Mendes defere liminar nos Mandados de Segurança impetrados pelo PPS e PSDB e suspende a eficácia da nomeação de Luiz Inácio Lula da Silva (PT) para o cargo de ministro chefe da Casa Civil, determinando que a justiça federal de primeira instância continua competente para analisar os procedimentos criminais contra o ex-presidente.

Abril de 2016

05/04/2016 – O ministro Marco Aurélio determina que Eduardo Cunha (PMBD – RJ) recebae envie para uma Comissão Especial na Câmara um pedido de *impeachment* formulado contra Michel Temer (PMDB).

07/04/2016 – O deputado federal Eduardo Cunha (PMBD – RJ) recorre da decisão do ministro Marco Aurélio. No recurso, a Câmara argumenta que a decisão do ministro contrariou jurisprudência do Supremo sobre o poder do presidente da Câmara para analisar denúncias por crime de responsabilidade.

11/04/2016 – Por 38 votos a 27, a Comissão Especial do *Impeachment* na Câmara dos Deputados aprova o parecer do relator Jovair Arantes (PTB – GO) favorável à abertura do processo contra presidente Dilma Rousseff (PT).

12/04/2016 – Leitura do relatório da Comissão Especial no plenário da Câmara dos Deputados.

17/04/2016 – Por 367 votos favoráveis, 137 contrários e 7 abstenções, o Plenário da Câmara dos Deputados aprova o relatório e autoriza o Senado Federal a julgar a presidente da República por crime de responsabilidade.

25/04/2016 – Senado define os membros da Comissão Especial que analisará as acusações contra Dilma Rousseff (PT) no processo de *impeachment*.

26/04/2016 – A Comissão Especial do *Impeachment* no Senado elege Raimundo Lira (PMDB – PB) como presidente da Comissão e Antonio Anastasia (PSDB – MG) como relator do processo de *impeachment* no Senado.

Maio de 2016

04/05/16 – Senador Antonio Anastasia (PSBD – MG) apresenta relatório favorável ao *impeachment*.

05/05/2016 – Ministro Teori Zavascki concede liminar em ação proposta pelo PGR em dezembro de 2015 e afasta Eduardo Cunha (PMDB – RJ) do mandato de deputado federal e da presidência da Casa. Na tarde do mesmo dia, decisão de Zavascki é confirmada, em votação unânime, pelo plenário do Supremo.

06/05/16 – Por 15 votos a 5, a Comissão Especial no Senado aprova a abertura do processo de *impeachment*.

09/05/2016 – O presidente da Câmara em exercício, Waldir Maranhão (PP – MA), anula a votação que aprovou a admissibilidade do *impeachment*. Em resposta, o presidente do Senado, Renan Calheiros (PMDB – AL), declara que dará continuidade ao processo no Senado.

10/05/2016 – O senador Delcídio do Amaral (sem partido – MS) tem seu mandato cassado por 74 votos a zero, em processo no Conselho de Ética do Senado por quebra de decoro.

10/05/2016 – O presidente em exercício da Câmara, Waldir Maranhão (PP – MA), revoga sua própria decisão que anulava a abertura do *impeachment*.

10/05/2016 – A AGU ingressa com Mandado de Segurança no Supremo para anular o processo de *impeachment*. O advogado-geral da União, José Eduardo Cardozo, alega irregularidade na condução do processo na Câmara, por ter sido conduzido pelo presidente afastado, Eduardo Cunha (PMDB – RJ).

11/05/16 – Ministro Teori Zavascki nega o pedido da AGU.

12/05/16 – Senado aceita (55 x 22) o pedido de abertura do processo de *impeachment*. A presidente Dilma Rousseff (PT) é afastada e o vice-presidente Michel Temer (PMDB) assume a presidência do país interinamente.

15/05/2016 – Em manifestação sobre petição do procurador-geral da república, ministro Teori Zavascki entende que é possível investigar o presidente da república inclusive por crimes anteriores ao exercício do mandato.

Julho de 2016

07/07/2016 – Eduardo Cunha (PMDB – RJ) renuncia à presidência da Câmara.

14/07/2016 – O deputado federal Rodrigo Maia (DEM – RJ) é eleito presidente da Câmara dos Deputados.

Agosto de 2016

10/08/2016 – Ministra Cármen Lúcia é eleita presidente do Supremo Tribunal Federal, para assumir o cargo em setembro.

31/08/2016 – O presidente do Supremo, o ministro Ricardo Lewandowski, preside a sessão de votação do *impeachment* no Senado. Atendendo a requerimento de um grupo de senadores, realiza duas votações separadas: na primeira, o plenário do Senado aprova por 61 votos favoráveis e 20 contrários, o *impeachment* de Dilma Rousseff;. na segunda por 42 votos favoráveis e 36 contrários, senadores apreciam que Dilma Rousseff não deve ficar inelegível.

Setembro do 2016

12/09/2016 – Ministra Cármen Lúcia toma posse como presidente do Supremo Tribunal Federal.

Outubro de 2016

05/10/2016 – O Supremo decide em plenário as liminares das ADCs 43 e 44 e confirma o início da execução após a condenação em segunda instância.

Novembro de 2016

03/11/2016 – Inicia o julgamento da ADPF 402, que discute se réus em ação penal perante o Supremo podem substituir presidente da República nos termos da linha sucessória prevista na Constituição.

30/11/2016 – Câmara dos Deputados aprova, durante a madrugada, o pacote das "Dez Medidas contra a Corrupção", modificando o texto da lei de abuso de autoridade apresentada pelo MP.

Dezembro de 2016

01/12/2016 – Maioria do Supremo aceita denúncia contra Renan Calheiros (PMDB – AL) por peculato.

05/12/2016 – Em decisão liminar monocrática, o ministro Marco Aurélio afasta o senador Renan Calheiros (PMDB – AL) da presidência do Senado.

07/12/2016 – O plenário do Supremo decide que, na condição de réu, Renan Calheiros (PMDB – AL) não pode substituir o presidente, porém pode continuar na presidência do Senado.

14/12/2016 – O ministro Luiz Fux, em decisão liminar monocrática, determina que a Câmara recomece votação do pacote anticorrupção do MPF.

Janeiro de 2017

19/01/2017 – Morre o ministro do Supremo Teori Zavascki, relator da Lava Jato no Supremo.

Fevereiro de 2017

02/02/2017 – Rodrigo Maia (DEM – RJ) é reeleito presidente da Câmara dos Deputados.

02/02/2017 – Ministro Edson Fachin é sorteado novo relator da Lava Jato no Supremo.

17/02/2017 – Rodrigo Maia (DEM – RJ) firma acordo com o ministro Luiz Fux para que medidas contra corrupção possam voltar a tramitar o Senado. O presidente da Câmara dos Deputados afirma que a secretaria-geral da casa vai conferir as mais de 2 milhões de assinatura.

14/03/2017 – Rodrigo Janot, PGR, envia lista ao Supremo com 83 pedidos de abertura de inquérito contra parlamentares e ministros de estado.

Abril de 2017

04/04/2017 – Julgamento no TSE sobre cassação da chapa Dilma Rousseff (PT) e Michel Temer (PMDB) é adiado para ouvir novas testemunhas, incluindo o casal de "marqueteiros" do PT, João Santana e Mônica Moura.

11/04/2017 – Michel Temer (PMDB) é citado em pedidos de abertura de inquéritos de Eliseu Padilha (PMDB), ministro-chefe da Casa, e Moreira Franco (PMDB), ministro da Secretaria-Geral da Presidência, e do senador Humberto Costa (PT – PE). PGR não pede abertura de inquérito contra Temer, por entender rque ele não pode responder por crimes anteriores ao início do mandato.

12/04/2017 – Supremo divulga a "lista de Fachin", com todas as autoridades com inquéritos autorizados pelo ministro.

26/04/2017 – Senado aprova projeto que endurece punições para abuso de autoridade. O texto tem como relator o senador Roberto Requião (PMDB – PR).

Maio de 2017

17/05/2017 – Joesley Batista e o seu irmão Wesley Batista, donos da JBS, afirmam em delação à PGR que gravaram Michel Temer (PMDB) dando aval para comprar o silêncio do deputado cassado Eduardo Cunha (PMDB – RJ) e do operador Lúcio Funaro. Também em delação, Joesley Batista entrega à PGR gravação na qual o senador Aécio Neves (presidente do PSBD) pede ao empresário R$ 2 milhões para sua defesa na Lava Jato.

18/05/2017 – A PGR pede a prisão do senador Aécio Neves (PSDB – MG). O ministro Edson Fachin nega o pedido, mas autoriza o afastamento de Neves do Senado. Autoriza também o afastamento do deputado Rodrigo Rocha Loures (PMDB – PR), que teria sido indicado por Temer para receber propina.

31/05/2017 - Câmara dos Deputados registra 15 pedidos de *impeachment* contra Michel Temer (PMDB).

Junho de 2017

06/06/2017 a 09/06/2017 – Termina o julgamento da chapa Dilma Rousseff (PT) e Michel Temer (PMDB) no TSE. Ministros Napoleão Maia, Admar Gonzaga, Tarcísio Vieira e o presidente do TSE Gilmar Mendes inocentam a chapa. Ministros Herman Benjamin, Luiz Fux e Rosa Weber julgam as acusações procedentes.

21, 22, 28 e 29/06/2017 – Plenário do Supremo julga questão de ordem sobre a validade das delações da JBS. Ministros entendem que acordos de delação premiada poderão ser revisados pelo plenário ou turma caso fique provado que o delator não cumpriu suas obrigações no acordo com o Ministério Público Federal. Se novos fatos indicarem ilegalidades na negociação, a colaboração poderá ainda ser anulada.

26/06/2017 – Rodrigo Janot, PGR, denuncia o presidente Michel Temer (PMDB) no Supremo por corrupção passiva.

28/06/2017 – O presidente Michel Temer (PMDB) indica Raquel Dodge para suceder Rodrigo Janot no comando da PGR. Ela é a segunda mais votada em eleição interna da Associação Naciona dos Procuradores da República (ANPR).

29/06/2017 – A presidente do Supremo, ministra Carmen Lucia, envia à Câmara dos Deputados a denúncia contra Michel Temer. O deputado Rodrigo Maia (DEM – RJ) recebe a denúncia e a encaminha para a CCJ, notificando o presidente.

30/06/2017 – O ministro Marco Aurélio derruba afastamento e libera retorno de Aécio Neves (PSBD – MG) ao Senado. Na mesma decisão, o magistrado nega pedido da PGR para prender o senador.

Julho de 2017

03/07/2017 – Ex-ministro da secretaria de Governo, Geddel Vieira Lima, é preso pela PF em Salvador por tentar obstruir a investigação de possíveis irregularidades na liberação de recursos da Caixa Econômica Federal.

05/07/2017 – Advogado de Michel Temer entrega à CCJ defesa do presidente contra a denúncia por corrupção.

09/07/2017 – Presidente do Supremo, ministra Carmen Lúcia, rejeita o Mandado de Segurança de deputados do PDT e REDE que solicitavam a suspensão do andamento da denúncia na CCJ até que o presidente da Comissão, Rodrigo Pacheco (PMDB – MG), pautasse para votação os pedidos para ouvir PGR no processo.

10/07/2017 – Para promover a rejeição da denúncia, base aliada de Michel Temer troca os membros da CCJ. O presidente da CCJ, Rodrigo Pacheco (PMDB – MG), diz que troca de membros "fere independência dos deputados".

10/07/2017 – O relator da denúncia contra Temer, Sérgio Zveiter (PMDB – RJ), termina leitura de parecer favorável à denúncia na CCJ.

11/07/2017 – Ministra Cármen Lúcia mantém troca de titulares na CCJ promovida pelo governo, por se tratar de assunto interno da Câmara. Afirma não caber ao Supremo 'analisar o mérito do ato político'.

11/07/2017 – Senadores aprovam Reforma trabalhista com 50 votos favoráveis contra 26.

12/07/2017 – Ex-presidente Lula é condenado em primeira instancia, pelo juiz federal Sérgio Moro, a 9 anos e 6 meses de prisão, pelos crimes de corrupção passiva e de lavagem de dinheiro no âmbito da Lava Jato.

ARTICULISTAS

Daniel Vargas

Doutor e Mestre em Direito (LL.M.) pela Harvard Law School, Mestre e bacharel em Direito pela Universidade de Brasília, pesquisador da FGV Direito Rio.

Diego Werneck Arguelhes

Doutor em Direito e *Master of Laws* (LL.M.) pela Universidade Yale, EUA., Mestre em Direito Público pela Universidade do Estado do Rio de Janeiro (UERJ) e professor pesquisador da FGV Direito Rio.

Eduardo Jordão

Doutor em Direito Público pelas Universidades de Paris (Panthéon-Sorbonne) e de Roma (Sapienza), em co-tutela. *Master of Laws* (LL.M) pela London School of Economics and Political Science (LSE). Mestre em Direito Econômico pela USP, bacharel em Direito pela UFBA e professor da FGV Direito Rio.

Felipe Recondo

Fundador do *site* JOTA, especializado na cobertura da Justiça brasileira. Jornalista com passagens pelos jornais *O Estado de S.Paulo* e *Folha de S.Paulo*, cobre o Judiciário desde 2006. Vencedor do Prêmio Esso de Jornalismo em 2012.

Fernando Leal

Doutor em Direito pela Christian-Albrechts-Universität zu Kiel, Doutor e Mestre em Direito Público pela UERJ e professor pesquisador da FGV Direito Rio.

Ivar A. Hartmann

Doutorando em Direito Público pela UERJ, Mestre em Direito Público pela PUC-RS e em Direito (LL.M.) pela Harvard Law School. Professor Pesquisador da FGV Direito Rio e coordenador do projeto Supremo em Números.

Joaquim Falcão

Doutor em Educação pela University of Génève, LL.M. pela Harvard Law School, graduado em Direito pela Pontifícia Universidade Católica do Rio de Janeiro e diretor da FGV Direito Rio.

José Roberto R. Afonso

Doutor em Desenvolvimento Econômico pela Universidade Estadual de Campinas, Mestre em Economia da Indústria e da Tecnologia pela Universidade Federal do Rio de Janeiro, pesquisador do Ibre/FGV e professor do mestrado do IDP.

Luiz Fernando Gomes Esteves

Mestre em Direito Público pela UERJ e professor de Direito do CEFET – RJ.

Mario G. Schapiro

Doutor em Direito e professor tempo integral da FGV Direito SP.

Melina Rocha Lukic

Doutora pela Université de la Sorbonne Nouvelle, Mestre pela Université de la Sorbonne Nouvelle – Paris 3 e professora pesquisadora da FGV Direito Rio.

Michael Freitas Mohallem

Doutorando (Ph.D.) e LL.M. em Direito Público e Direitos Humanos pela University College London (UCL), especialista em Ciência Política pela UNB e professor pesquisador da FGV Direito Rio.

Pedro Cantisano

Doutorando em História e LL.M. pela Universidade de Michigan (EUA), bacharel em Direito pela UERJ e professor pesquisador da FGV Direito Rio.

Rachel Herdy

Doutora em Sociologia pela Universidade do Estado do Rio de Janeiro, Mestre em Teoria do Estado e Direito Constitucional pela PUC-RJ e professora da Faculdade Nacional de Direito (UFRJ).

Rafael Mafei Rabelo Queiroz

Doutor em Direito e professor da Faculdade de Direito da USP.

Silvana Batini

Doutora em Direito Público e Mestre em Teoria do Estado e Direito Constitucional pela PUC-RJ. Procuradora Regional da República e professora da FGV Direito Rio.

Thomaz Pereira

Doutorando (J.S.D. candidate) e Mestre (LL.M.) pela Yale Law School, Mestre em Direito Processual Civil pela USP, Mestre em Direito Empresarial pela PUC-SP. Professor Pesquisador da FGV Direito Rio.

Grupo
Editorial
LETRAMENTO